精神障害者雇用の ABC

編
山口創生

星和書店

はじめに

　近年，比較的多くの従業員を雇う企業を中心に，精神障害を持つ人を雇用する企業が増えています。本書は，主としてこれから精神障害者雇用に取り組む企業の採用担当者向けの書籍となっていますが，企業と精神障害を持つ人の双方が利益を得られる働き方の提案をするために，より実践的な内容が多く含まれています。

　そこで，昨今，なぜ各企業が精神障害者雇用に対する関心を高めているかについて，ここで簡単に整理しておきます。精神障害者雇用の促進には，3つの背景があります。そのうち1つはグローバルな視点の発展に関するものであり，残りの2つは国内の課題や法律に関するものです。

　第1に，企業に対する社会からの期待が挙げられます。障害の有無にかかわらず社会の一員として生活を営むことを意味するノーマライゼーションやソーシャルインクルージョンの概念はもともと北欧で発展したものですが，約半世紀をかけて先進国における社会的価値の1つの基準となりました。この社会的価値は現在の企業のあり方にも影響を及ぼしています。具体的にいうと，国際的には20世紀末から，国内では21世紀初頭から「Corporate Social Responsibility（CSR：企業の社会的責任）」が追求されるようになり，企業には利潤の追求だけではなく，社会の発展への貢献も求められるようになりました。簡素にいうと，現在の企業には，自社の利益に加えて，誰もが働き，暮らしやすい社会を作る主役となることが求められていま

す。

　第2に，国内の人口問題が挙げられます。21世紀に入り，ますます少子高齢化が進む中で，自然と労働人口は減少しています。このような中で，多くの企業は障害の有無に関係なく，自社の理念や仕事内容にふさわしい人材を探しています。身体障害などと同様に，個々の精神障害の特性に合わせた働き方を模索することで，精神障害を持つ人も企業にとって十分な労働力となることから，精神障害を持つ人を人材として捉える動きが広まっています（第1章参照）。

　第3に，障害者雇用促進法の改正が挙げられます。すでにマスコミ等でも報じられているように，2018年度から障害者雇用促進法の法定雇用率を決める際に，精神障害者の人数も考慮されるようになります。すなわち，50人以上の従業員を抱える企業にとってはこれまで以上に障害を持つ人々を雇う機会が増え，そこで働く従業員にとっては精神障害を持つ人が同僚となる機会が増えるかもしれません。いずれにしても，障害者雇用促進法では，法律の定める割合（約2％）で障害者を雇わない企業は納付金を納めなくてはならず，各企業にとって，精神障害者雇用は法的枠組みにおける喫緊の課題であるかもしれません（第4章参照）。

　このように，精神障害者雇用は今後大きく進むことが予想されます。他方，多くの人にとって，精神障害を持つ人は身近な存在ではなく，ゆえに精神障害を正しく理解していないかもしれません。よって，実際に一緒に働くとなると様々な課題が生じる可能性があります。そこで，本書は精神障害の特徴の説明や関連する法律を，支援者や雇用者がその経験をもとに紹介す

ることを目的としています。また，世界保健機関の調査によると，4人に1人が人生で一度は精神的な不調を経験するといわれています。本書を通じて，精神障害者雇用を通じた労働環境の調整や同僚への配慮を再考することが，職場全体のメンタルヘルス向上の機会になることを副次的な目的としています。

山口創生

【 目 次 】

はじめに……………………………………………山口創生…iii

第1章　精神障害者雇用と企業からみた人財戦略

障害者雇用を成功に導く考え方と企業の成功実例
　……………………………………………澤田恭一…1

第2章　精神障害と各疾患の特徴

精神疾患の特徴……………………………山口創生…15
各疾患の特徴………………………………坂田増弘…20
　統合失調症　20
　うつ病　25
　双極性障害　29
　不安を主症状とする神経症性障害群　33
　ストレス関連障害，解離性（転換性）障害および
　身体表現性障害　38
　発達障害　42
　てんかん　46
　高次脳機能障害　50

COLUMN 1　　診断は重要か？……………澤田恭一…54

第3章 障害の特徴と個人差の理解

面接でわかること，わからないこと，働きながら
わかること……………………………………丸山次郎…57

COLUMN 2 　企業が面接できくこと………渡辺裕治…67

第4章 雇用に関する法律・制度

障害者雇用促進法とさまざまな制度…………本多俊紀…69

第5章 障害者雇用促進法と合理的配慮

合理的配慮とは何か……………………………松為信雄…85

COLUMN 3 　企業における合理的配慮／障害者雇用の
　　　　　　 考え方……………………………渡辺裕治…101
COLUMN 4 　障害者差別解消法…………山口創生…103

第6章 精神障害者の雇用手順

障害者求人の利用から面接までの流れ…池田真砂子…105

第 7 章　障害者雇用におけるキャリア展開

職場におけるサポートのあり方……………梅田典子…117

第 8 章　支援者を活用するには

支援者は必要か？　必要ではないか？：リードではなく
　フォロー……………………………………澤田恭一…133
支援者とのかかわり方………………………小野彩香…136
支援者と支援機関を活用する具体的な方法…芳賀大輔…148

COLUMN 5　精神障害者の雇用における支援者活用
　について………………………………藤岡文子…156

第 9 章　実際の雇用・支援：支援者から見た事例

【A さんの場合】会社側のサポートがよいケース
　………………………………………………佐藤江美…159
【B さんの場合】支援者がよく関わったケース
　………………………………………………市島勝一…168
【C さんの場合】雇用主が，会社に支援者が来ることを
　望まないケース……………………………田口雄太…174
【D さんの場合】本人が，会社に支援者が来ることを
　望まないケース……………………………畝木奈津恵…180

【Eさんの場合】発達障害を持つ人への支援ケース
　　　……………………………………………柴田泰臣…186

COLUMN 6　　企業から見た精神障害者雇用の実際①
　　　………………………小川一郎（仮名）…191
COLUMN 7　　企業から見た精神障害者雇用の実際②
　　　………………………………………田村真弓…193

第10章　企業からの質問・疑問

もっと知りたい精神障害者雇用Q&A………………………195

おわりに……………………………………山口創生…221
索引……………………………………………………224

Q&A 一覧

- 就業スキルに問題はないのですが，勤怠管理について悩んでいます。単刀直入に「明日は来れる？」と聞いてよいのでしょうか？…田口雄太…195
- 長く働いてもらうためにはどんなことをすればよいのでしょうか？……………田口雄太…197
- 本人に病気のことや体調のことをどのように聞けばよいのでしょうか？……………市島勝一…199
- 給与はどのくらいにするのがよいのでしょうか？…………松井彩子…201
- 職場に精神障害に理解のない従業員がいる場合は，どうすればよいのでしょうか？……………田村真弓…203
- 怠薬が疑われる場合は，どのように対応すればよいのでしょうか？……………市島勝一…205
- 発達障害と自閉症スペクトラム障害は同じものですか？…柴田泰臣…208
- 数名の自閉症スペクトラム障害の人に会いましたが，どの人も印象が違って共通点がわかりにくいです。どう理解すればよいのですか？……………柴田泰臣…208
- 発達障害と精神障害の両方を持つという可能性はありますか？……………柴田泰臣…209
- 精神障害者保健福祉手帳を持っている発達障害の人が，定期通院も服薬もしていないと言っています。問題はないのでしょうか？…柴田泰臣…209
- コミュニケーションが苦手という人は，コミュニケーションの練習を重点的に行って克服すればよいのでしょうか？……………柴田泰臣…210
- 担当してもらった業務がうまくいっていないのですが，障害の特性なのか，その人の個性なのか，どちらなのでしょうか？…畝木奈津恵…210
- 仕事上のミスなどがあったときに，本人を注意してもよいのでしょうか？……………畝木奈津恵…213
- 面接の際に，障害についてどこまで聞いてもよいのでしょうか？……………畝木奈津恵…215
- 障害特性について，直属の上司となる人や配属先の従業員にどのように伝えたらよいでしょうか？……………松井彩子，佐藤江美…218

第1章 精神障害者雇用と企業からみた人財戦略

障害者雇用を成功に導く考え方と企業の成功実例

澤田恭一
就労支援センターFLaT

- 様々な従業員がいる企業は，顧客の様々なニーズに応えられる企業になれる可能性があります。
- その会社で働きたいと思える職場環境を作ることに貢献できる人財を探すことが重要です。
- 必要な配慮をして，従業員全員が「区別なく」仕事をできるような職場環境を作ることが重要です。

　本書は，精神障害者の雇用に関心を持つ人に，企業の視点や支援者の視点を織り交ぜて情報提供することを目的としています。精神障害についての知識や精神障害者の雇用やキャリアを応援する支援者，関連諸制度，細かい技法などについては第2章以降で紹介します。この第1章では，精神障害を含め障害者雇用を成功するための基盤となる考え方と企業の実例を紹介します。

人財として：人財戦略としての人財育成とチーム育成

Ⅰ. 障害者雇用の前提と人財という考え

　本章では，精神障害者の雇用について取り上げますが，本来，企業は障害の有無にかかわらず，「様々な」業績に貢献できる人財（本章では「人材」ではなく，「人財」と記載します）を必要としています。それでは，どのように人財を考えるべきでしょうか？　本節は，株式会社フレスタホールディングス（以降フレスタ）の人事総務部部長の渡辺裕治氏のお話を交え，フレスタにおける障害者雇用と人財，そしてその戦略を参考に精神障害を含めた障害者雇用の前提について説明します。

　フレスタは創業130年，62店舗のスーパーマーケットを運営する会社であり，約10年前から障害者雇用に力を入れ，現在92名（2018年1月末時点）の障害者を雇用しています。渡辺氏は約10年前の障害者雇用の開始初期から中心的に携わってきた人です。また，私たちが支援した障害を持つ人もフレスタで雇用されており，約10年間雇用が続いています。渡辺氏の「障害者雇用で人財を求めるにあたって『スタートのスタンス』がとても大切です」という言葉は，障害者雇用の前提を最もよく表現した言葉です。すなわち，企業が障害者雇用として障害者を雇用するときには，雇用率達成のための数の一部としてその人を求めるのか，それとも強い組織を創るために，そしてその人の力をこの会社で活かすためにその人を求めるのかを

考える必要があります。

　昨今，国内外で企業の社会的責任（Corporate Social Responsibility：CSR）の重要性が指摘されており，企業には地域社会の発展に貢献することが期待されています。議論の余地なく，企業が社会的責任を全うするのはとても大切なことではあります。他方，責任感や義務感だけでは現場の中での障害者雇用は長続きしないかもしれません。例えば，フレスタでは障害者雇用の前提として「強い組織を創るためにその人を求める」「その人の力をこの会社で活かすためにその人を求める」といった，雇用をスタートする時のスタンスをとても大切にしています。実際，「曲がるけど折れない，しなやかで強いチーム」をキーワードに，同調しやすい集団で構成されるチームよりも，様々な意見や価値観で構成される多様性のあるチームのほうが強いと考え，しなやかで強いチームを創るために，障害を持つ人，外国人，高齢者，老若男女，様々な事情を持ちながらも働きたい人を各店舗にそれぞれ1人以上意図的に雇用しています。

　また，フレスタ人事総務部は各店舗の店長に，店舗戦略として「強いチームを創るためにその人が欲しいかどうか」を考えてもらいたいと伝えているそうです。すなわち，企業の力を増すためにダイバーシティー（多様な人財を活用すること）の形をシステムとして意図的に創っているのです。フレスタの例をみると，障害者雇用において，障害者は多様な人財の1人であり，顧客の様々なニーズに対応できる商品やサービスを開発する企業の力に貢献できる人財として考えることができるかもしれません。

Ⅱ. 雇用現場におけるチームワークと具体的な人財

　障害者雇用を通して，企業内の多様性を養うことは，顧客サービスだけでなく，従業員のチームワークにも影響を与えます。フレスタはスーパーマーケットを展開する企業であり，直接的に顧客（ここではスーパーマーケットを利用するお客様）を相手にすることが多い仕事です。顧客の中にはいろいろな状況や事情を持つ人が様々に存在します。従業員が様々な背景を持つ顧客に対して，その人の立場に立って行動できるようになることは，企業の売り上げにも影響する非常に重要な要因です。これは，同僚に対しても同じことが言えます。いろいろな事情を持ちながら働いている同僚がもしも困っているのなら，一緒に働いている者として，困っている人を何とかしたいと思うのが自然ですし，そう思えることがチームの力になります。障害者雇用などを通して，個々の従業員における周囲への配慮の意識向上がチーム力を高めることにつながります。

　企業のダイバーシティーを進める中では，企業の生産性向上のプロセスのとらえ方も従来とは異なることがあります。企業全体の生産性向上のために従業員一人ひとりの生産性の向上が必要であるとするのは当然の考え方です。生産性向上の考え方として重要なのは，従業員一人ひとりの作業スピードを上げていくことよりも職務に対するモチベーションの向上が必要かもしれません。フレスタの渡辺氏は，「従業員一人ひとりのモチベーションを何％上げられるか」が重要であると言及します。職務に対するモチベーションを上げるには，職場の満足度の向上や雰囲気のよい職場環境を設けることが非常に重要です。特

にダイバーシティーを進める中では，様々な背景を持つ人が従業員として働くことになりますので，そのような状況を楽しめたり，周りをそのような気分にさせてくれたりする人財育成が必要です。具体的には，「（作業の速さ・器用さよりも）思いやりと優しさを持っている」「可愛がられる，心配したくなる」「なぜか周りの人間がその人の力になりたい，助けたい，頑張ってもらいたいと思ってしまう」，そういった人を雇用して，チームに入れることが重要になるとも言います。

　もう1つ，渡辺氏の言葉を引用すると，「結局，人としての優しさと思いやりが大切であり，そこで解決できることが多いのです。そのことに気付くのに10年かかりましたが，人としての優しさと思いやりの大切さを人事部が理解して，人事部も含めて各店舗の店長や従業員に伝えていくことが重要であると改めて感じています」と言います。すなわち，フレスタの障害者雇用の基盤には，人事部の採用戦略におけるすべての従業員に対して，困っている同僚を何とかしたいと思える職場やお互いを思い合える職場づくりが，チームが一つになりやすい環境に繋がり，それによって従業員一人ひとりの，あるいはチームや企業全体のモチベーションが上がるという考え方があります。障害者雇用やダイバーシティーを通した雇用環境の変化は，従業員個々のモチベーションの向上を促し，最終的には企業の生産力を向上させる可能性があります。

Ⅲ．評価指標と学び合い

　近年，企業人事の指標には，単純な雇用の期間や職場定着よ

りも，むしろ従業員の職務満足度が重要であると言われています。例えば，フレスタでは，人財創りを最終目標として中長期計画の中に明記しています。その計画の中では人財創りの中で，「すべての従業員満足度を高める」ことを重要視しており，障害者の雇用と職場定着はその一部でしかありません。このような指標は障害者だけのものではありません。ダイバーシティーの考え方の中で，障害を持たない従業員，障害を持つ従業員，高齢の従業員や産休から復帰する従業員，一人親として子どもを育てる従業員，親の介護を自身で担っている従業員，外国人の従業員など，様々な事情や状況を持つ人に共通の人事の評価指標となります。また，この職務満足度の向上においては，様々な人を雇用できる環境づくり，継続して雇用し続けられるための環境づくり，その人が働き続けたいと思え，そして働き続けられるための環境づくりのための基本的な工夫や考え方はすべての従業員において同じです。

　他方，精神障害をはじめ障害を持つ従業員の中には，配慮を必要とする従業員がいるのも事実です（合理的配慮については第 5 章参照）。渡辺氏は「配慮はするけど区別はしないということと，心のバリアフリーという考えを念頭に持つことが重要です」と言います。また，「精神障害を持つ従業員に対しても同様の考え方であり，彼らに対する特別な思いも，区別する社内規定もなく，むしろ今後の可能性を感じる人が多く，実際に働き始めてから可能性が広がっていく人が多い実感があります」とも言います。より具体的な例を紹介すると，フレスタでは，障害を持つ従業員の職場や仕事内容を考える際にも区別はせず，障害を持つ従業員だけを集めた職場や部署を設けず，障

害を持つ従業員向けの仕事も切り分けていません。元々ある職場や仕事の中で考え，障害を持つ人自身にも可能な限り同じ職場で同じ仕事ができることを求めていきます。ここには，従来から働いている従業員に，同じ職場に障害を持つ人がいることが当たり前であると感じてほしいという人事総務部の狙いがあります。この狙いの背景には，障害を持つ従業員とそうでない従業員が同じ仕事をすることで，個々の従業員に障害を持つ人は特別な存在という認識ではなく，数多くいる従業員の一人として認識してもらい，その中で共に教え合い，学び合う風土が醸成され，すべての従業員にとって働きやすい環境になるのではないかという考え方があります。すなわち，障害者雇用を実現する際には，障害を持つ従業員を特別視や隔離するのではなく，可能な限り障害を持たない人と同じ仕事をしながら，ともに学び会うことを通して個々の従業員の人財育成を図ることが基本スタンスとなります。

Ⅳ．障害を持つ人に求めること

　ここまで，障害者雇用に取り組みたい企業の基本姿勢について述べましたが，一方で障害者個人に求めることもあります。障害者雇用や障害者への就労支援が進む中で，残念ながら障害者が主体的に企業選びをしたのではなく，ハローワークや支援機関の勧めで仕事を選ぶこともあります。就職は必ずしも本人の希望通りにならないこともありますが，特に精神障害者の場合，本人のパーソナリティーの問題よりも，受けてきた治療や支援の中で自分自身の価値を低く見積もる傾向がある人や自分

自身で物事を決定することが不慣れな人がいるのも事実です。実際，フレスタでは，障害を持つ求職者に「自分がいることで何かの役に立ちたいという気持ち（自己有能感）」と「自分の意志でこの場所に来たいという気持ち（自己決定感）」を持っていることを求めるそうです。特に後者の「自分の意志でこの場所に来たいという気持ち（自己決定感）」には，フレスタの障害者雇用での人財確保の基本姿勢（「スタートのスタンス」が大切である）が表れています。渡辺氏は，「この自己有能感・自己決定感という2つの気持ちを持っていれば，あとは企業が仕組みをつくれば就労は継続すると考えていますし，誰かに連れてこられて誰かに決められた就労場所は自分の思いを大切にされていないのだから就労継続が難しくなってしまう可能性が高くなります」と言います。

また，「障害を持つ／持たないを問わず，就労に対する思いは特別なスキルを持つことよりも大切であり，多くの人にこの気持ちがあれば障害者雇用そのものも特別なことではなくなると感じています」とも言います。求職者が「何をすることで人の役に立ちたいのか」「それをどこでしたいのか」を自分で決めることは，就職後のモチベーションにもつながりますし，その雇用が成功しても失敗しても本人が自分で決めたうえでの就職であれば，その結果には納得できると思いますので，企業と求職者の双方にとって非常に重要なポイントであると言えます。これから精神障害者を雇用する企業は，求職者の能力に着目することも重要ですが，どのようなプロセスでこの仕事を選んだか（つまり自己有能感と自己決定感）を聞くことも非常に重要ではないでしょうか。

障害者雇用と企業の実例：人財戦略としての取り組みと仕組みづくり

　精神障害を含め障害者雇用を企業と障害者の双方にとって有益なものにするためには，精神障害に対する理解や個別の従業員への対応，支援機関とのつながりの促進も重要ですが，企業内での枠組みづくりも重要です。前節に紹介したように，障害を持ちながらも自立した従業員を育成するためには，企業の中で「自己有能感」と「自己決定感」を支えることが重要です。しかし，それを実現するためには，企業の中で習慣化する企業内の仕組みづくりが必要です。ここでは，企業の事例として，フレスタの人財戦力の仕組みについて，筆者が支援したＡさんのエピソードを交えて紹介します。

Ⅰ．雇用後の仕組みづくり

　現在，フレスタの障害者雇用における取り組みは新聞やテレビなどメディアにも取り上げられていますが，10年以上前から障害者雇用を行っていました。しかしながら，職場への定着は難しく，離職になることも多い時代でした。当時の状況について，渡辺氏は「上層部の思いや人事部の思い，現場での思いにギャップがあったのだと思います」と振り返ります。そのような状況から障害者雇用に本格的に力を入れ，組織改革，仕組みづくりに着手して，10年の歳月をかけて障害者雇用のシステムを整備してきました。

その本格的な障害者雇用の仕組みづくりのスタートの頃に，筆者が支援した精神障害を持つAさんと渡辺さんに出会いました。筆者は以前勤務していた病院で，入院中のAさんに出会い，退院後に就労を支援する支援者として関わることになりました。Aさんは，働きたい気持ちは持ちながらも社会復帰に対して強い恐怖感を感じていたため，職場実習から始めたいという希望を持ちつつ就職活動をしている最中に，自宅近くのフレスタにおける店舗実習の話を頂きました。フレスタの店舗実習は，実習後に採用を検討してもらえる内容であったことから，実際にはAさんの実習は面接官であった渡辺氏との面接を経た後で始まりました。

　Aさんの実習は順調に進み，その後の採用についても問題のない状況でした。しかしながら，実際にはAさんは自分から採用を断りました。その理由は，採用予定の勤務地が実習地とは異なり，そして自宅から遠い店舗であったことを懸念したからです。Aさんの勤務地移動の背景にはフレスタの企業目標が関係していました。当時，フレスタの障害者雇用戦略プランでは，各店舗に1人ずつ障害を持つ人を雇用するという目標がありました。渡辺氏はその目標を達成するために，実習地の店舗とは別の店舗での勤務をAさんに勧めたそうです。実習でAさんのことを知らない店舗の従業員にも精神障害のことを知ってもらい，その活動とノウハウを他店舗にも広げるという狙いがあったそうです。一方で，数日後，渡辺氏は実習地の店舗の店長や従業員からのAさんの評価について，好印象，高評価の言葉を聞きました。さらに，実習前の面接で直接話をした時の人柄も含めた印象，本人の思い，経験，特徴，特性を

思い返しました。最終的に，渡辺氏はＡさんに実習地の店舗と同じビルにある人事総務部の事務補助としての採用を打診する決断をしました。幸い，Ａさん自身も事務の仕事にも興味があり，実習内容とは異なる事務補助での採用に不安な思いを持ちながらも就職を決めました。

　Ａさんを人事総務部の事務補助として採用するにあたり，渡辺氏はこれまでの障害者雇用を振り返り，分析しました。そして，障害を持つ従業員における主な離職の原因として，「コミュニケーション不足により人間関係を構築できなかった」「この職場で役に立てているという存在意義を持てなかった」といった理由がしばしば見られることに気がつきました。加えて，渡辺氏は，この要因が障害を持つ人に特化したものではなく，すべての従業員に通じるものであるということも認識しました。この分析結果を活かすために，人事総務部はＡさんが仕事を開始するにあたり，「しかけ」をしました。つまり，Ａさんが働くにあたり，まずＡさんが人事部門に所属している人として，同じフロアで働く約130名の従業員と良好な関係性を構築してもらうために，コミュニケーションを自然に取ることができる仕組み（しかけ）を考えたのです。

　人事総務部が取り組んだ最初の仕組み（しかけ）は「ありがとうのサイクル」をつくることでした。具体的には，同じフロアに所属する130名の従業員全員が順番に当番制で行っている仕事で，かつ手をつけにくい仕事を２つほど抽出しました。Ａさんは抽出された仕事を業務とし，毎朝その仕事から始めることになりました。その結果，各日で当番制の仕事をするはずであった従業員は，「（Ａさんは）何でしてくれたんだろう？

忙しそうだと思って気を利かせてくれたのかな？」と不思議に思いながらも，気軽にAさんにお礼を言うことができ，その後も同じフロアで会えば笑顔で会釈し合ったり，挨拶をしたり，短い言葉を交わしながらのコミュニケーションが広がっていったのです。2～3ヵ月の月日が経つにつれて，Aさんの仕事内容が，人事総務部がしかけた仕組み（しかけ）であると従業員に認知され始めました。そして，130人ほぼ全員とコミュニケーションがとれたところでこの取り組みは終了しました。渡辺氏をはじめ人事総務部の仕組み（しかけ）は単純な発想かもしれませんが，意図的に行われなければ，Aさんと130人の従業員の間に自然にコミュニケーションをとる機会はなかったでしょう。また，この発想を実現することによって，Aさんにはポジティブな言葉（「ありがとう」等」）をもらえる機会になりました。

Ⅱ．習慣をつくること，仕組みをつくること

　フレスタ本社管理部は，人事総務部の取り組みを障害者雇用の実績として各店舗の店長へ伝えました。より具体的には，障害者雇用の際に，店長には「どのような仕事をしてもらうのか」「どの先輩，どの同僚と組んで仕事を覚えてもらうのか」「店舗全体の業務をどのように伝えていくのか」「店舗の全従業員との自然なコミュニケーションが生まれるためにどのような工夫が必要なのか」「休憩はどのタイミングで取ってもらうのか」「昼休憩に，最初は誰と入ってもらうのがよいのか」などといったことを本人の特性，店舗の事情や環境に合わせて考え

るように伝えました。個々の職務内容や個別のコミュニケーションのあり方を各店舗が考えることによって、フレスタでは障害者雇用が継続するための環境が徐々にできあがっていったのです。

　ただし、これらの雇用における創意工夫は、フレスタでは障害者雇用だけのものではなく、基本的にはすべての従業員にあてはまります。フレスタではすべての従業員の声を聞くというシステムがあり、従業員がフレスタで働くうえで考えていること、思っていること、希望していること、困っていることなどを話せるような制度をつくり、意図的に従業員が上長や人事部と話をすることができる仕組みづくりを行っています。例えば、目標管理制度（年間4回の上長との面談）、人事面接制度（年に1回人事部との面接）、メンター制度（上長が新入社員のメンターとなり、相談にのっていく）、ホットラインの設置（心の健康を考慮した相談先の確保）、1年に1回役員との夕食会などがあるそうです。

　このように、フレスタでは人財戦略としての取り組みが職場風土として根付いています。渡辺氏は、「『習慣をつくること』と『仕組みをつくること』が重要ですが、その習慣と仕組みを組織風土に馴染ませてこそ、真の『働きやすさ』につながります。それには時間がかかるものですし、むしろ時間をかけて馴染ませていく必要があるのだと思います」と言います。障害者雇用を人財戦略として位置づけるには、そのような長期的な視野に立つことも必要です。

第2章 精神障害と各疾患の特徴

精神疾患の特徴

山口創生
国立精神・神経医療研究センター　精神保健研究所　社会復帰研究部

- 精神疾患の症状の程度には波があり，症状の内容には個人差があります。
- 個別の配慮事項を把握し，職場環境の調整をすることが重要です。

　表に示したとおり，精神疾患には様々な種類がありますが，いくつか共通点があります。第1に，精神障害は身体障害と異なり，見た目でわかりづらい障害です。第2に知的障害と異なり，精神障害は症状の程度に波があり，再発しやすい疾患です。第3に身体障害や知的障害と異なり，環境の変化による影響や症状の個人差が非常に大きな障害です。

　本項では，それぞれの疾患の説明の前に，精神疾患全般の共通点について説明します。

I．見た目でわかりづらい障害

　精神疾患は見た目で判断しづらい障害といわれます。例えば，車いすを利用する身体障害者が階段の前で困っていれば，

表 ICD-10における精神障害の種類

分類	代表的な疾患
症状性を含む器質性精神障害	認知症，脳炎や事故による脳の損傷による障害など
精神作用物質使用による精神および行動の障害	アルコールや麻薬・覚醒剤などに関連した障害
統合失調症，統合失調症型障害および妄想性障害	統合失調症など
気分障害（感情障害）	うつ病や双極性障害（躁うつ病）など
神経症性障害，ストレス関連障害および身体表現性障害	不安神経症，パニック障害，強迫神経症，外傷後ストレス障害（PTSD）など
生理的障害および身体的要因に関連した行動症候群	摂食障害（拒食や過食など），睡眠障害など
成人の人格および行動の障害	境界性人格障害など
精神遅滞	知的障害（IQによる測定）
心理発達の障害	学習障害や広汎性発達障害（アスペルガー症候群，自閉症）など
小児期および青年期に通常発症する行動および情緒の障害	注意欠如・多動性障害（ADHD），チック障害など

※本書では，てんかんの説明（第2章）も加えますが，てんかんは厳密には神経の病気とされており，精神疾患に含まれません。

足が悪いために階段を上れないと容易に想像できると思います。同じ状況で精神障害を持つ人が困っていたらどうでしょうか？ もしかしたら，階段の先に幻覚（例：自分だけが見えている人影など）が見えていて立ち止まっているかもしれませんし，「階段を上ると上司に挨拶することになる」と想像して極度に緊張が高まっているかもしれません。また，精神疾患自体の症状や薬の副作用などにより，周囲の人が思う以上に1つ1つの行動に疲れを感じたり，眠気を感じたりする人もいます。

さらに，統合失調症などの疾患を持つ人は，自分の症状や感情について上手に説明できないことがしばしばあります。

精神疾患の症状を理解するには，どのような症状があり，どのようなことで困るのかを本人と話し合うことが重要です。もし，支援者がいる人でしたら，事前に情報を得ることもできます。その際，疾患や症状だけでなく，得意とすることや趣味などの情報も得ることで，本人との信頼関係が築きやすいでしょう。

精神障害を持つ人は長い間，偏見によって苦しんだ経験を持っていることがめずらしくありません。近年，LGBTといわれるセクシャルマイノリティーの方々の存在が注目されていますが，彼／彼女らに「あなたは，どのような性的志向なの？」と突然聞くことはマナー違反であるのと同様に，その人を知りたいからといって，いきなり症状や困っていることだけを聞くと，信頼関係を築くことは難しいでしょう。

Ⅱ．症状の波と再発

精神障害者を雇用する上で最も難しいのは，症状に波があることだと言われています。近年の研究では，統合失調症を持つ人でも約半分の方は薬も必要なくなるぐらいに回復するとも言われていますが，一方で重い症状（幻覚や重度のうつ症状）を再発したり，軽いうつ症状を繰り返したりすることはめずらしくありません。残念ながら，現代の医学では，精神疾患の再発を完全に予測することは難しいと考えられています。また，交通事故で足を失った身体障害者に1週間で足を再生させる治療

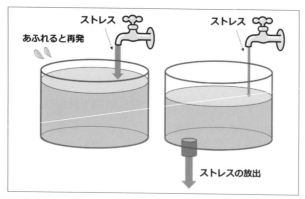

図　ストレスと再発の関係

がないことと同様に，短期間で劇的に精神症状を改善させるような魔法の治療はありません。

　他方，精神障害を持つ人が働くためにできることもあります。精神障害を持つ人を雇用する側と雇用される側，あるいは支援者が，症状と一緒にどのような時に再発しやすいか，どのようなことをストレスと感じるか，どのようなことでストレスを解消できるかを理解しておくことが重要です。

　図は再発とその対処について，コップを用いて説明しています。コップから水があふれたときに精神疾患を再発すると考えたとき，コップのサイズはその人によって異なるので，コップに入る水の容量（ストレスの耐久性）は人によって違います。また，注がれる水はストレスを表していますが，ストレス要因がわかれば，水（ストレス）の勢いを弱めることができるかもしれません。さらに，もしコップに大きな穴をあけることができれば，水（ストレス）が注ぎ込まれても，コップから水があふれることなく，再発を防ぐことが可能となります。

Ⅲ．環境の変化と個人差

　精神障害は環境の変化に影響されやすい疾患です。例えば，支援機関の訓練で上手にできていた作業も，支援者や仲間が変わることで上手くいかない場合もありますし，その逆もありえます。言い換えると，雇用される前の個人の状態は，雇用された後の状態を完全に予測するものではないということになります。また，精神障害は，個人差が大きいことも大きな特徴です。身体疾患のように一定の症状経過をたどることはむしろ稀と言えるかもしれません。例えば，一口に統合失調症といっても，幻聴（自分だけに聞こえる声など）の内容は人によって異なります。ある人は「早く仕事をしなさい」という声が聞こえるかもしれませんし，ある人は大きな時計の音が聞こえるかもしれません。ある人は幻聴が常に聞こえているかもしれませんし，他の人は電車に乗ったときだけかもしれません。

　これらのことは，精神障害者雇用が難しいことを示しているわけではありません。精神障害を持つ人を疾患名で安易にカテゴリー化するのではなく，個人が抱える個別の課題を整理しながら，職場環境を設定する重要性を伝えることを意図しています。そして，そのような配慮のもとで長期間働いている人が多く存在します。

第2章 精神障害と各疾患の特徴

各疾患の特徴

坂田増弘
国立精神・神経医療研究センター病院精神科

- 精神疾患には，統合失調症やうつ病，神経症，発達障害などがあります。
- それぞれに代表的な症状はありますが，人によって症状が異なる場合もめずらしくありません。

統合失調症

　統合失調症は，さまざまな情報を脳に取り込み，処理して，その結果を用いて行動するといった一連のプロセスに不具合が生じる（認知の障害がある）ために，社会生活上の困難が生じる病気です。およそ100人に1人弱がこの病気に罹るとされており，比較的若い時期，思春期から30歳頃までに発症することがほとんどです。治療やケアの進歩により，社会参加・復帰が可能となる症例が増えている一方，入院を必要とするような病状の悪化は，たとえそこから回復しても，前述した認知の障害の悪化が後遺症として残ることがめずらしくありません。重

要なのは，病状悪化の兆しを見逃さずに，早期に適切な治療的対応を受けることです。

I．症状と診断

統合失調症を持つ人に見られる認知の障害は，具体的には以下のようなものです。

---

1) 集中力，記憶力，判断力が低下してしまう。
2) 思考を進める道筋において，関連性の薄い道にずれたり飛躍したりしてしまうため，脈絡やまとまりに欠けてしまう。
3) 本来自分に関係のないことでも，自分と結びつけて考えてしまう。
4) 細部にこだわってしまい，全体の状況を把握できなくなってしまう。
5) 自分の考えを状況に応じて柔軟に変化させたり，後に得た情報から修正したりすることが難しくなってしまう。
6) 自分自身に認知の障害があることを自覚できない。

こういった認知の障害は，程度の軽重に差はあれ，ほぼすべての症例に存在すると考えてよいものですが，診断にあたっては，他に下記のような特徴的な症状の有無が評価されます。

妄想：真実でないことを真実だと思い込み，周囲の者の説得などでは修正できない考え。認知の障害の延長線上にあり，自分と関係ないものを自分と関係づける，迫害されるといった内

容が多いです。たとえば、「テレビのニュースで自分のことが話されている」「あの人がヘアスタイルを変えたのは、自分に恋愛感情があるからだ」「電車の中で笑いながら話している集団は、自分のことをあざ笑っている」「誰かが自分を狙っている」「いつも自分は誰かに見張られている」「食べ物に誰かが毒を入れたので変な味がする」などです。

幻覚：もっぱら「聞こえてくる」幻覚（幻聴）が多いです。例えば、自分を馬鹿にしたり非難したりする声、自分に命令する声が聞こえてくるなど。場合によっては複数の人が会話している声や自分と対話する声が聞こえる、声ではなく物音や騒音のようなものが聞こえるといったこともあります。他に、臭いの幻覚や、電気をかけられて手足がしびれるといった身体の感覚の幻覚もあります。「見える」幻覚（幻視）は比較的稀です。

自我の障害：自分の考えていることと他人の考えていることの区別が崩れてしまうこと。例えば、「自分の考えが他人にもれている」「他人の考えが自分の頭に流れ込んでくる」「自分の考えや行動が他人に操られている」といった訴えが聞かれます。

感情の障害：自然な感情の動きが損なわれて平板化すること。通常大きく感情が動かされるはずの出来事（肉親の死亡など）にあまり反応を示さないのに、自分に関係する（自分の評価に関わる）些細なことに過度に敏感に反応したりします。また、よそよそしく冷たい印象や、共感性に乏しく、感情的な交流ができない印象を周囲の者に与えることがあります。

意欲・行動の障害：自発的、積極的に活動しようとしなくなり、またそれでも退屈を感じなくなります。引きこもって外界

との接触を避けようとする態度が見られることもあります。また時に激しい興奮や，まとまりのない言動，奇妙な言動をとることがあります。

　一人の人に，全ての症状が同時に，かつ明確に出現するとは限りません。経過の中で異なる時期に出現する症状や，全般的な病状が悪いときや疲れたときにだけ目立つ症状もあるかもしれません。また他に，不安・緊張・不眠・生活リズムの乱れなども，多くの患者さんに見られる症状です。気分障害や発達障害など，他の項で説明する病気の症状が合併する場合もあります。

Ⅱ．苦手とする状況

　就労を目指す段階であれば，病状はある程度穏やかに安定していることが多いと思われますが，残存している症状や認知障害の内容，その人の個性によって，苦手な状況は異なってきます。「見られている」という感覚があれば，多人数の中で働くのは苦痛が多いでしょう。幻聴が残っている場合は，人の声がやたらと聞こえてくるような環境では気になってしまうかもしれませんし，逆に静かすぎると幻聴がはっきり聞こえて辛いという場合もあります。いろいろ声をかけられると緊張してしまうという人もいれば，声をかけてもらえないと無視されている，嫌われていると考えてしまう人もいます。賃金にこだわる人もいれば，プライドを傷つけられることにひどく敏感な人もいます。異性に対して妄想を抱きやすい人もいれば，同年代の

同性が苦手という人もいます。決まりきった作業の繰り返しを好む人もいれば，時々目先を変えないと集中力が続かない人もいます。

　一方，多くの患者さんに共通して苦手となりがちなのは，複数の課題を同時並行で，あるいは優先順位を考えながら進めることや，状況に合わせて臨機応変な判断と対応が求められることです。いずれにしても，就労の前後を通じて，本人自身や本人のことをよく知る支援者から情報を集めることが重要です。

うつ病

　うつ病においては，持続的な気分の落ち込みとともに思考力や活動量も減少し（抑うつ状態），社会生活に支障が生じます。男性より女性に多い病気で，20歳～30歳代で発症することが多く，我が国では15人に1人程度が生涯のうちにこの病気に罹るとされています。発症に際しては，心理的なストレスや疲労が増大するような，きっかけとなる出来事や背景となる状況が存在することが多いですが，引っ越しや昇進，荷下ろし（定年や大きなプロジェクトの完遂などで肩の荷が下りたときなど）といった，必ずしも悲しいとはいえないような環境変化で発症する場合があることも知られています。ほとんどの症例が，適切な治療や休養により元の状態に回復しますが，それには通常で数ヵ月，場合によっては1年以上かかることもあります。また，数ヵ月から数年の間隔をおいて何度も同様の経験（再燃）を繰り返すことが多い病気でもあります。よって，病状が悪化したときの治療のみならず，回復後の再燃予防の工夫も重要なポイントです。

I．症状と診断

　うつ病の診断にあたっては，下記のような症状が評価されます。

1) **抑うつ気分**：わけもなく憂うつな気分や悲哀感，寂寥感を感じる。
2) **興味関心や喜びの消失**：本来なら興味を惹かれる，あるいは楽しみや喜びを感じるはずの事柄や活動に対しても，まったくそのような感情が起こらない。
3) **食欲の異常**：食欲の減退または増加。あるいは意図しない体重の減少または増加。
4) **睡眠の障害**：眠れない，あるいは眠りすぎる。睡眠が浅く，何度も途中で目覚めたり，夢を多く見たりする。朝早くに目覚めてしまうなど。
5) **精神運動性の抑制あるいは焦燥**：なにをするにも着手や動作が遅く，進まない。あるいはイライラしてじっとしていられない。
6) **易疲労・気力減退**：疲れやすく，気力が出ない，続かない。
7) **思考力や集中力の減退**：物事を考えようとしても観念や着想が頭に浮かばず，集中もできないので，考えが進まない。判断や決断も時間がかかる，あるいはできない。
8) **無価値感・罪責感**：過剰あるいは不適切なほどに，自分自身が無価値である，あるいは自分の存在がむしろ他者の迷惑になっていると感じる。
9) **自殺念慮**：死について繰り返し考えたり，死にたい・死ぬべきだと考えたりする。高じると，そのための手段や計画を考え，さらにはそれらを実行に移す。

典型的な症例では全ての症状が出そろいますが，そうでなく

とも，症状1（抑うつ気分）と症状2（興味関心や喜びの消失）の少なくともどちらかは必ず観察されます。また，これらの症状は朝や午前中に重く，午後から夜にかけて軽くなるといった日内変動を認めることはあっても，数週間に渡ってほぼ毎日，一日中観察されるものであって，状況に依存して1日あるいは数日のうちに症状が出たり消えたりする場合は，うつ病と診断されることはありません。また，診断基準には含まれていませんが，不安感の訴えも多く，自分が重大な身体の病気に侵されている，あるいは経済的に貧しく生きていけないといった観念にとらわれることもあります。頭痛や肩こり，めまい，便秘，口の渇き，寝汗，月経異常といった身体症状も多く出現し，時に精神的な症状が不明瞭で，自覚的には身体の症状しか訴えない症例もあります（仮面うつ病）。

Ⅱ．苦手とする状況

　うつ病の症状がまだ残存している状況で就労を開始する場合，発症する前と同等の仕事量や作業速度を期待されるのは，当然のことながら負担が大きいと思われます。また，治療のうえで規則正しい生活と睡眠時間の確保が望ましいため，夜勤があるなど不規則な勤務形態も，同様に負担が大きいでしょう。また，自己評価が低くなりがちであるため，批判や叱責を受ける機会が多い職場や職務内容（苦情対応など）は向かないかもしれません。経験的には，自分自身の疲労やストレスの蓄積に関して鈍感であったり無視したりする傾向のある人も多く，そのような人にとって，仕事量に不規則な変動があったり，他者

のペースに合わせて仕事をこなす必要があるなど、計画的な仕事の進め方ができないような環境は、適切なタイミングで休息をとることをより困難としてしまうでしょう。

　従来、几帳面で生真面目、責任感が強く仕事熱心な人が、うつ病になりやすいとされてきましたが、最近の特に若い年齢層のうつ病では、それとは正反対の性格傾向も多いとの指摘があり、「新型うつ病」などと呼ばれることがあるようです。しかしながら、現在国際的に使用されている診断基準に従う限りにおいて、特定の性格傾向の人がうつ病に罹りやすいという証拠は得られていません。どんな病気にも、典型的ではない症状を呈する症例、つまり非定型例が存在し、うつ病も例外ではありません。特に若年者の抑うつ状態は多様な現れ方をすることが以前から知られており、現実の症例においても、問題となっている抑うつ状態がうつ病のバリエーションとしてのものなのか、統合失調症や後述する躁うつ病、ストレス関連性障害といった他の病気の症状の一部なのか、はたまた人格形成の過程で一過性に起きているものなのか、専門家でも判断に困ることが少なくないのです。非定型うつ病の研究は、若者としてある意味当たり前の未熟さをステレオタイプとして嘆くためではなく、個々の症例を適切に理解し、最適な治療や支援を提供するために積み重ねられてきたことを忘れてはいけません。「新型うつ病」とは学術的な専門用語ではなく、いわばマスコミ用語です。就労支援においても、安易な類型化や思い込みに基づいた定型化された対応ではなく、個別の症例において、性格傾向、考え方や仕事の進め方の癖、発症時や病状悪化時の状況などを分析して苦手な状況を特定し、対応を考える必要があります。

双極性障害

　双極性障害とはいわゆる躁うつ病のことで，前項で説明したうつ病と同様の症状を呈する時期（うつ病相）と，気分が高揚して過度に活動的となる時期（躁病相）の両方が観察される病気です。生涯のうちにこの病気に罹る人は100人に1人程度であり，発症する年齢は10歳代から25〜26歳といわれ，前項で説明したうつ病よりも頻度は低く，若く発症する病気といえます。罹りやすさに男女差はないようです。

　双極性障害の人のうつ病相は，長引きやすく，繰り返しやすいことが知られており，躁病相が出現して双極性障害とわかるまで，治療困難なうつ病と思われていることも珍しくありません。同じ気分障害に分類されていても，うつ病と双極性障害では，薬物療法の方針が異なります。比較的若く発症して，疑わしい背景やきっかけもないのに抑うつ状態を繰り返すような症例は，双極性障害である可能性を疑って，注意深く経過を追う必要があります。

I. 症状と診断

　双極性障害の診断にあたり，うつ病相において観察される症状は，前節のうつ病で説明したものと差はありませんので，そちらを参照してください。躁病相においては，気分が異常かつ持続的に高揚し，本来のその人の性格や行動の様式からはっき

りと逸脱して，開放的あるいは怒りっぽい状況が観察されます。また，同時に以下のような症状を認めます。

---

1) **自尊心の肥大**：自分の容姿や能力がとびぬけて優れている，あるいは莫大な財産を所有している，高い地位にいる，万能であるなどと感じ，主張する。また，それを根拠に周囲の者に対して横柄な態度をとる。

2) **睡眠欲求の減少**：睡眠時間が短くても眠気を感じず，疲労感もなく活動できる。時間がもったいないので眠りたくないと考える。

3) **多弁**：口数が多い，いつも誰かにしゃべり続けていないと我慢できない。

4) **観念奔逸**：頭の中に，次から次へと絶え間なく様々な考えが浮かんでくる。あまりにも早いペースで思考がめぐるので，現実がもどかしくイライラする。

5) **注意散漫**：ちょっとした刺激で，注意の向き先がころころと変わっていってしまう。

6) **目標志向性の活動亢進**：仕事や学業に関する活動，社会的活動，性的活動が増える。

7) **悪い結果に終わる可能性が高い快楽的活動への熱中**：見境のない買い物やギャンブルへの浪費，馬鹿げた事業への投資，無分別な性的交渉など，明らかに破滅的な結果を招くような活動に没頭する。

これらの症状は，必ずしも全部がそろって観察されるとは限りませんが，内容からして対人関係や社会生活上のトラブルを

生じやすい状態であることは明らかでしょう。統合失調症の節で説明した，幻覚や妄想を呈する症例もあります。一方，症例によっては決定的なトラブルには至らない範囲内で症状が収まり，本人も気分がよく充実感があるので，あまり治療の必要性を感じないこともあります。しかし，程度はどうあれ躁病相においては，本来あるはずのないエネルギーを無駄な活動に消費することになりますので，ほぼ必ず後になってからエネルギーが不足する状態，つまりうつ病相を招くことになります。つまり，双極性障害の治療においては，躁病相を予防する，あるいは軽い症状に抑えるということが，本人の利益を守り，うつ病相を抑制する鍵となると考えてよいでしょう。

Ⅱ．苦手とする状況

　躁病相の病状がそれほど激しくない場合は，その期間を利用して集中的にクリエイティブな仕事をし，うつ病相ではひっそりと休んでいることで，なんとか成立する職種もないわけではありません。時に芸術分野等で大成功する人もいます。しかし通常の就労環境では，ある程度安定した作業量や効率が求められるでしょうから，躁うつの波をできるだけ穏やかなものに抑える必要があります。そのためには，前述した通り病状悪化のサイン，特に躁病相に入りかけた時のサインに早期に気づいて対処することが非常に大切です。ということは，そのようなサインに気づきにくい環境や，躁病相に入った時の活動性の増加を助長するような環境は望ましくないということです。

　双極性障害の症例に共通して，病状悪化を予測するのに役立

つ客観的な指標の代表的なものは，睡眠時間の変化です。うつ病相と躁病相のどちらにおいても睡眠が障害されますから，日々の睡眠時間を確保し，規則正しい生活を送ることが，双極性障害の病状安定期にもっとも重視されることです。よって勤務時間が不規則になるような職場は向かないかもしれません。また，時期によって集中的な作業を要求されるような仕事（例えば締め切りのある依頼や大きなプロジェクトなど）は，その忙しい時期に躁病相が重なると気づきづらく，むしろ病状の悪化が助長される場合があり，要注意です。株や先物取引などの投機的な色彩をもつ仕事も，うつ病相ではリスクを過大に見積もりがちですし，躁病相では逆に気持ちが大きくなってリスクを過小評価しがちですので，成果が不安定になりがちでしょう。

　その他，症例ごとに利用しやすい病状悪化のサインは異なるものです。そういうサインのうち職場で観察されやすいものについては，直属の上司や同僚と情報共有して，それらの人から定期的にフィードバックがあったほうがよいかもしれません。そういう意味では，業務の状況を継時的に把握できるのが本人自身しかいないような一人職場はできるだけ避けるか，客観的なモニタリングが可能になるような配慮をするなどの工夫ができるかもしれません。

不安を主症状とする神経症性障害群

「病的な不安」が主症状となる一連の病気として，恐怖症性不安障害・パニック障害・全般性不安障害といった病気があります。不安は誰もが経験するものですが，不安の対象や起こりやすさ，強さや持続時間，付随する身体の症状といった観点において，社会生活を障害するほどに通常と異なっている場合に「病的」と判断します。生涯のうちにこれらの病気に罹る人は合計して10人に1人弱であり，数種の病気を同時に持つ人が多いことも知られています。これらは男性より女性に多く，18歳〜60歳までの全ての年齢層で同程度に見られますが，60歳以降は少なくなります。

強迫神経症は，不安や苦痛につながり，繰り返しこだわってしまう特定の考え（強迫観念）と，それを解消するための繰り返しの行動（強迫行為）が特徴的な病気です。後述するように，強迫観念や強迫行為の内容は，非合理的であっても通常の生活の中で感じる不安や日常的に行う行動の延長線上にあるものがほとんどです。ところが強迫神経症においては，強い不安や衝動が頭の中を占めてしまい，多大な労力や時間をかけてなんとか軽減・解消しないと，他のことを考えたり次の行動に移ったりすることができません。生涯のうちにこの病気に罹る人は50人に1人程度であり，10歳代〜20歳代に発症することが多いとされています。

以上のような病気の発症にあたっては，心理的要因（過去に

ある状況のもとで嫌な思いや怖い思いをした，子どもの頃に親との別離体験がある，不安を搔き立てるような知識や情報に接したなど）や社会的要因（日本における「穢れ」や「恥」のように，文化的に忌避される事物があるなど）だけでなく，背景に脳の機能異常が存在していると考えられています。例えば，脳内のセロトニンという物質の働きを強める作用を持つ薬剤がパニック障害や強迫神経症に効果があるといった事実は，これらの病気が単に「心の持ちよう」の問題ではないことを示しています。

Ⅰ. 症状と診断

1. 恐怖症性不安障害

通常は危険とまでは考えられない状況や対象によって不安が起こります。「群衆がいる空間」「閉じられた，あるいは開かれた空間」「困ったことが起きても逃げることができないような状況」といった空間に関する恐怖症（広場恐怖），「人前に出る，話をする」といった社交的状況に対する恐怖症（社交恐怖）が代表的ですが，その他にも，動物・高所・暗闇・雷・血液・体液・列車・飛行機・エレベーター・トンネル・先が尖ったもの・注射・公衆便所での用便・がん・性病など，はっきりと特定できる個別の状況や事物に対する恐怖症があります。恐怖症性不安障害における強い不安は，動悸，頻脈，息苦しさ，胸痛，冷や汗，めまい，吐き気，体の震え，脱力感といった体の症状を伴うことも多く，これらが突然生じて急激に悪化するパニック発作や，息苦しさから焦って呼吸を繰り返す結果，

手足のしびれやさらなる苦しさを生じる過換気（または過呼吸）症候群という状況に至ることもあります。こういった経験をすると，あらかじめ恐怖の対象を避けるための行動を取るようになりますが，たとえ大きな不安を感じる機会が減らせたとしても，社会生活上さまざまな障害や制約が生じることになります（交通機関の使用を避けることで学校や職場に行けなくなったり，会議や集会を欠席したりなど）。

2. パニック障害

上記のパニック発作が，特定の状況や対象によらずに繰り返し起こるのが特徴です。発作が起きると，死や発狂の恐怖さえ感じて大騒ぎして救急車を呼ばれたりしますが，発作の持続は通常数分間程度なので，病院に着くころには発作が治まっていることがほとんどです。いつどこで発作が起きるかわからないので，「また発作が起きるのではないか」という不安（予期不安）をいつも抱えていたり，以前に発作が起きた場所や状況を避けたりするようになるため，社会的行動が制限されます。

3. 全般性不安障害

生活上の様々な活動（仕事や勉学，家事など）や出来事（予定や起こるかもしれない事件，事故など），状況（経済，本人・家族の健康，交友関係，将来など）に対して，自分で抑えられないような不安が持続して，心が休まることがないというのが典型的です。いわゆる「心配性」との区別が難しいかもしれませんが，不安の対象の広さや程度が並外れており，集中力や決断力の低下，イライラ感や焦り，意気消沈，不眠，その他

の身体症状（吐気，下痢，頭痛，体のこわばりや震え，冷や汗など）といった随伴症状も相まって生活上の困難が生じている状態が，少なくとも6ヵ月以上続いているというのが目安となります。

4. 強迫神経症

　典型的には，既述の「強迫観念」と「強迫行為」の両方を有します。例えば，「家に鍵をかけ忘れるのではないか」という不安を解消するために「必ず10回鍵をかけ直した上に5回強く戸を押し引きして確認する儀式を行う」，「周囲には危険な細菌が溢れている」という観念に基づいて「外出後は玄関で服を脱いでゴミ袋に入れてから入室する」，「他人が触ったものにはエイズウィルスが潜んでいる可能性があり，触れると感染する」との観念に基づいて「自分が触れるものは予め全て消毒液で3回以上拭き取る」，「性的なことを考えるだけで性病にかかる」との不安を解消するために「自ら考え出した呪文を1,000回頭の中で唱える」といったことにより，不当に時間や労力が費やされ，時には他者までも巻き込んで（自分が強迫行為を終えるまで待たせたり，確実に儀式を遂行しているかを確認させたりして）社会生活を障害します。多くの場合，本人も「自分はこだわりすぎ」で「無駄な行動に時間を費やしている」という自覚があり，「なんとかやめたいけどやめられない」と苦痛に感じています。こういった点で，強迫神経症の症状は，統合失調症の人の妄想や奇妙な言動（内容的に奇異である一方，自分自身に変なところがあるという自覚に乏しい）とは異なるものではありますが，程度が甚だしくなると区別が困難なことも

あります。

II. 苦手とする状況

　その人固有の不安が惹起される状況に遭遇することで，症状が出現したり悪化したりするのは当然のことですが，直接不安の対象と関係がなくとも，心理的なストレスの増大や身体的な疲労・不調によって病状の悪化を認めることが多いといえます。次節のストレス関連障害と同様の業務負荷のマネジメントが必要でしょう。また，不安が主症状である以上，業務の予定に不確定な要素が多いことや，予期できない変更が度々生じるような状況は好ましくないかもしれません。

ストレス関連障害，解離性(転換性)障害および身体表現性障害

　ストレス関連障害は，生活上で経験した，あるいは経験している，心理的に負担となる出来事や状況に関連して精神症状を呈する病気です。心的負担（ストレス）となる出来事や状況の質と，それに対する反応の出現の仕方や持続期間によって，急性ストレス反応・心的外傷後ストレス障害（PTSD）・適応障害といった分類がなされますが，急性ストレス反応については，数時間から数日で症状が消退する一過性の障害であるため，本書では詳述しません。一生のうちにこれらの病気に罹る人は合わせて10人に1〜2人程度ではないかと推定され，女性に多いとされています。

　解離性（転換性）障害は，心理的な要因により意識や記憶，感覚，身体機能に障害が生じる病気です。この病気に関しては，罹患率に関するデータは乏しいのが実情です。

　身体表現性障害とは，原因となるような身体的異常が見当たらないにも関わらず，慢性的な身体的症状に強くとらわれ，その症状への対処や「健康な状態」へのこだわりのために多くの時間と労力を費やしてしまう病気です。一生のうちにこの病気にかかるのは100人に1人程度と推定され，女性に多く，ほとんどは30歳前に発症します。

Ⅰ. 症状と診断

1. PTSD（心的外傷後ストレス障害）

　原因となりうる体験とは，生命や安全を脅かされるような著しく脅威的あるいは破局的な性質のもので，例えば大災害や重大事故，戦闘，他人の変死の目撃，拷問・テロ・強姦などの犯罪の犠牲となることといった短期間のものもあれば，繰り返される虐待といった長期間のものもあります。PTSDの基本的な症状は以下の3群から構成されます。

> 1) **再体験症状**：外傷的出来事に関する不快で苦痛な記憶がフラッシュバックや夢の形で繰り返しよみがえります。この追体験は突然かつ鮮明なもので，大きな心理的衝撃や，動悸・冷や汗といった身体的な反応を伴います。
> 2) **回避／麻痺症状**：出来事について考えたり話したりすること，あるいはそれを思い出させる場所や人物，活動を避けようとします。出来事の一部を想起できなくなることもあります。また，物事に対する興味・関心が乏しくなり，物事を楽しめなくなったり，愛情や幸福感などの感情を感じなくなったりします。
> 3) **覚醒亢進症状**：緊張が続き，不眠，焦燥感，集中困難，過剰な警戒心，些細なことで驚きやすいといった症状を呈します。

　これらの症状は，外傷体験後数週から数ヵ月の潜伏期間を経て出現し，不安や抑うつ，自殺念慮も伴うことがあります。多

くの例では回復が期待されますが，中には多年にわたり慢性的に経過して，深刻な生活機能障害が続くこともあります。

2. 適応障害

　PTSDを引き起こすほどに深刻な体験ではなくとも，重大な生活上の変化やストレスによって，苦悩や抑うつ・不安・心配・絶望感といった情緒障害が起こり，社会的機能に支障をきたすのはありうることです。このような状態を適応障害と呼び，ストレスとなる出来事から通常1ヵ月以内に起こり，6ヵ月以内に回復するとされています。それ以上続く場合には，病状に応じて，うつ病など他の精神疾患の診断に変更されることになります。

3. 解離性（転換性）障害

　強いストレスにより，記憶の一部を想起できなくなる（解離性健忘），旅に出て行方不明となり，帰ってきたときにはその間のことを覚えていない（解離性遁走），周囲の状況や刺激に反応せず，ほとんど動かなくなる（解離性昏迷），人格が変わったあるいは何者かに取り憑かれたような振る舞いをする（トランス・憑依障害，多重人格），身体の一部が動かせなくなり（解離性運動障害），立って歩けなくなったり（失立失歩）声が出なくなったり（失声）する，てんかん発作に類似したけいれん発作を起こす（解離性けいれん），皮膚などの知覚がなくなったり視覚障害が起きたりする（解離性知覚麻痺・知覚脱失）といった症状を認めます。

4. 身体表現性障害

特定あるいは多数の身体症状を繰り返し訴え，様々な医師・医療機関を受診し，原因となる身体的な異常がないことを繰り返し説明されても受け入れません。症状の出現や変動が，生活上のストレスと密接に関係していることが客観的に明らかな場合でも，心理的な原因で身体症状が生じている可能性について検討しようとしません。身体症状の例としては，吐き気や胃痛・腹痛といった消化器系の症状，痒みや灼熱感といった皮膚感覚の症状，動悸や発汗，ほてりといった自律神経症状，身体各所の頑固で強い痛み，めまい，飲み込みづらさなど様々です。また，感じている症状そのものの治療ではなく，それが何かしら深刻で進行性の病気の現れだと確信して，繰り返し検査を求める場合もあります。

Ⅱ. 苦手とする状況

同じストレス因であっても，その感じ方や処理のうまさ，回復を助ける環境や支援の豊富さなどについては個人差が大きい一方で，ストレスがまったくない職場環境などまずありえないのが現実です。強いストレスを感じる状況や対象が比較的明らかで，本人もそれを自覚している場合には，職場における対応や環境の調整も検討しやすいと思われますが，そうでない場合は，本人の了解のもとに適時的に医療担当者や職場外の支援者との情報共有を行い，本人の状況を多面的にモニタリングしながら「適切な」負荷がかかっているのかを判断していく必要があるでしょう。

発達障害

　生まれつき脳機能の発達に不十分な部分があったり不均等があったりするために社会生活上の困難が生じている場合に，発達障害と診断されます。誰にでも得手不得手があるように，発達の偏り自体は病気とはいえません。ただ，その偏りのある部分や大きさによって，環境への適応がうまくいかない，あるいは特別な配慮を要するという状況が生じるために「障害」とされます。幼児のうちに診断される場合もあれば，成年に達してから気づかれる場合もあります。10人に1人程度がこの障害をもち，全体として男性のほうが多いとされます。以下に大まかな分類について説明しますが，重要なことは，発達障害の人の特性は個人差がとても大きく，また複数の診断にまたがる特性を持つ人も多いため，診断名だけで適切な対応を検討することは不可能だということです。

I. 症状と診断

1. 広汎性発達障害（自閉症スペクトラム障害）

　自閉症やアスペルガー障害などが含まれ，典型的には①相互的な対人関係の障害，②コミュニケーションの障害，③興味や行動の偏り（こだわり）の3つの特徴が現れます。この障害を持つ人が社会においてどのようにみえるかという例を挙げると，

・他者の動向に対する興味が薄く，自分の興味や考えを優先している。
・遊びにおいても仕事においても集団行動のルールを軽視している。
・単語だけ，あるいは直截的な表現のコミュニケーションしかできない。
・言葉の意味をそのままに受け取り，冗談や比喩的な表現が理解できない。
・どうでもよいことに異常にこだわるかと思えば，大事なことを無視したりする。
・杓子定規で，臨機応変の対応ができない。

といったことになります。

2. 注意欠如・多動性障害（ADHD）

　その名の通り，不注意と多動・衝動性の高さにより，社会生活上の困難が生じます。不注意に由来する問題としては，忘れ物や紛失が多い，単純なミスが多発する，気が散りやすく予定通りに作業が進まない，整理整頓ができないといったことが挙げられますが，一方で興味のあることには没頭して時間を忘れてしまうため，なおさら他の必要な作業が手薄になるという側面もあります。多動・衝動性に由来する問題は，じっとしていられなくて動き回ったりもじもじしたりする，興味のあるものや刺激によって興奮しやすく，思いついたことをすぐに口にしてしまったり，突発的な行動に出てしまったりする，順番を待つことや我慢することが苦手といったことです。

3. 学習障害（LD）

　全般的な知的発達に遅れはないが，読む，書く，計算するなど特定の事柄のみが難しいために，学業や日常生活で困難が生じます。

　以上の説明で挙げた諸問題は，すべて生まれつきの特性によるもので，本人にまったく悪気はなく，怠けているわけでもありません。ところが，こういった障害に理解の乏しい環境では，努力が足りないと叱られたり，社会でうまくいかず非難されたりするので，情緒が不安定になったり，意欲や自信を喪失して抑うつ状態に陥ったりすることも多く，ときには社会や他者に対する不信感が高じて被害妄想を抱くに至ることもあります。

　なお，全般的な知的機能の発達が遅れている状態は知的障害とされ，広い意味では発達障害に含まれますが，法令や政策上は別に扱われています。広汎性発達障害およびADHDの一部には知的障害を合併している症例があります。

Ⅱ. 苦手とする状況

　発達障害を持つ人への配慮として，「何が苦手であるか」よりも「何が得意であるか」を重視する態度が重要です。これまでの失敗体験から自信を失っている場合はとくに，自己肯定感を高めて業務に対する意欲を持続させることが本人の能力を引き出し，ひいては周囲の理解も得やすくなる道であるからです。またそこには，短所を長所に転換する視点を持つことも含

みます。例えば，興味が持てさえすれば単純な作業でも飽きずに集中して遂行できるとか，一旦飲み込めてしまえば些細な点も見逃さずに定められた形式をきちんと守るとか，周囲の状況に流されずに自分のペースを守るといった視点で適した業務や環境を選ぶということですが，ここでも発達障害の個別性の大きさを忘れてはいけません。ある人にとってうまくいった環境調整が，別の人にもうまくいくとは限らないのです。

　このような前提をおさえた上で，いくつか注意点をあげると，発達障害の人の中には，音や光，臭いといった特定の刺激に敏感な人が少なくありません。集中力が削がれるだけでなく，場合によっては苦痛に感じることもあります。また，広汎性発達障害とADHDのどちらにおいても，過集中の問題が生じることがあります。特定の作業に過度に集中して長時間取り組んでしまうことで，その後に身体的な不調や虚脱を呈することがあるのです。このようなことを避けるためには，見やすいところに時計を設置するとか，チャイムの利用や声掛けを行うなど，作業時間を意識できる工夫や支援が必要になります。

てんかん

　てんかんは,「種々の成因によってもたらされる慢性の脳疾患であって, 大脳ニューロンの過剰な発射に由来する反復性の発作 (てんかん発作) を特徴とし, それにさまざまな臨床症状及び検査所見がともなう」と定義されます。脳の神経細胞の電気的な活動は, 通常は穏やかで一定のリズムを保ったものなのですが, なんらかの理由でこの電気的活動が反復性に突然激しく乱れることにより, 特定の症状を呈する発作が繰り返されます。定義にある通りてんかんの原因は様々で, 出生時仮死や低酸素, 脳炎, 髄膜炎, 脳出血, 脳梗塞, 脳外傷などによる脳へのダメージが原因となりえますが, 一方で原因が特定できない場合もあります。てんかんを持つ人の割合は, 人口100人に対して0.5～1人とされており, その80％は18歳以前に発症するとされています。性別による差はありません。治療により, 70～80％の人で発作はコントロール可能とされています。

Ⅰ. 症状と診断

　てんかんの診断は, 繰り返される発作の確認と検査所見によります。検査でもっとも重要かつ頻用されるのは脳波検査であり, 発作症状と脳波所見によっては, たった1回の発作でも診断がつくことがあります。脳における異常な電気的活動の場所および広がりによって発作症状は異なり, 人によって限られた

特定のパターンの発作が繰り返されることが多いですが，中には多様な様式の発作症状を呈する人もいます。以下に発作の分類について説明します。

1. 部分発作
脳のある一部分の異常な電気的活動から始まる発作です。

1) **単純部分発作**：意識を失わないが，身体に意図しない動きやけいれんが起きたり，声が出てしまったり，感覚の異常が起きたり，動悸や失禁などの自律神経関連症状が起きる。
2) **複雑部分発作**：軽い意識混濁から完全な意識消失まで，さまざまな程度に意識が減損する。それまでの動作が突然止まり，動かなくなったり，ぼんやりした様子で立ち尽くしたりする（意識減損発作）人もいれば，発作中自動的になんらかの行動をとるが，あとでよく覚えていない（自動症）人もいる。自動症の例としては，それまでの行動をそのまま続けたり，舌をペチャペチャ鳴らしたり，顔を掻いたり，服のボタンを止めたり外したり，なんらかの言葉を発したり，場合によっては，自分の職業に関連した行動などかなりまとまった行動や複雑な行動をとることもある。その他，錯覚や幻覚が生じたり特定の感情が湧き上がったりする発作（精神知覚発作）もある。

2. 全般発作

最初から大脳皮質全体の神経細胞に異常な電気的活動が引き起こされる発作です。

---

1) **強直間代発作**：意識喪失とともに全身を硬直させ（強直発作），直後にガクガクと全身がけいれんする（間代発作）。大発作とも呼ぶ。
2) **単純欠神発作**：数秒から数十秒間，突然に意識消失し，その後元に戻る。
3) **複雑欠神発作**：意識消失している間に，自動症や後述するミオクロニー発作など他の症状を伴う。
4) **脱力発作**：全身の力が抜けて崩れるように倒れる。
5) **ミオクロニー発作**：顔面や四肢，体幹など身体の一部やあるいは全身に，突然筋肉の収縮が起こる。他の全般発作と異なり，意識消失はしないか，あってもごく短時間。

脳の部分的な異常活動が脳全体へと広がっていく例もあり，その場合は単純部分発作から複雑部分発作，複雑部分発作から全般発作へと移行していくのが観察されます。また，てんかんそのものは医学的には精神疾患というより神経疾患としたほうが適切ですが，難治例や病歴が長期にわたる例を中心に，てんかんを持つ人の中には他に精神疾患の症状を合併する例があります。

Ⅱ．苦手とする状況

　てんかんの治療においては服薬も含めた規則正しい生活が重要であり，過労や睡眠不足，ストレス，飲酒などで発作が誘発されることが知られています。よって夜勤やシフト制などの不規則な勤務は避けたほうがよいでしょう。てんかんを持つ人が障害者として就労する背景としては，治療によっても発作が完全に抑制されていないか，他の精神疾患の症状を合併している場合が多いと考えられます。前者の場合は，発作が起きてしまった時に本人や周囲の人の生命や安全に関わるような事故に至らないよう，個別の発作症状に照らし合わせて業務内容を吟味する必要があるでしょう。後者の場合は，それぞれ該当する精神疾患の特徴に合わせた配慮が望まれます。

　なお，他者のてんかん発作に遭遇した時に，正しく対応できるだけの知識を持っている人は多くないと思われます。ほとんどの場合，身体的な安全を確保しつつ，あわてることなく，発作がおさまり意識を回復するまで見守ることで十分なのですが，発作が長時間続く場合や意識が回復するのを待たずに何度も発作を繰り返すような場合は，急いで病院で治療する必要があります。その他にも個別に細かい対応の違いもあるかもしれませんので，医師の助言に基づいて，ともに働く人たちに正しい対応を知っておいてもらうことも大切です。

高次脳機能障害

　学術用語としての高次脳機能障害は，病気や怪我などによって大脳皮質が損傷を受けることにより，なんらかの認知機能障害が生じている状態一般を指すため，損傷の部位や程度に応じて様々な症状やその組み合わせ（状態像）がそこに含まれることになります。一方，厚生労働省が平成13年から積極的に研究に取り組んでいる「いわゆる高次脳機能障害」は，事故による脳損傷や脳血管障害（脳梗塞や脳出血）による急性期の症状が改善し，少なくとも外見的には一見回復したようにみえながら，実はよく調べてみると（あるいは実生活に戻ってみると）生活や仕事に支障をきたすような認知・行動上の障害が残っているといった，それまで行政的に対応が不十分であったケースに焦点を合わせて定義されています。我が国の高次脳機能障害の患者数に関して正確なデータはありませんが，平成20年の調査[5]に基づく推定では，寝たきりに近い重度の症例まで含めると約50万人，リハビリテーションで社会復帰を目指す中等度障害に限った場合ですと7万人程度とされています。

Ⅰ．症状と診断

　ここでは，上記の行政的な必要性から定義された高次脳機能障害の診断基準について説明します。

1. 原因となる事故による受傷や病気の発症の事実が確認されている

　高次脳機能障害の原因は，上記のように事故による脳損傷や脳血管障害が主なものですが，他に，脳炎や脳腫瘍，難治性てんかんといった疾患の後遺症（脳手術などの治療による損傷も含む）として認められる場合もあります。一方，先天性疾患，周産期における脳損傷，発達障害，進行性疾患（アルツハイマー型認知症など）を原因とするものは除外することとなっています。なお，高次脳機能障害の診断は，脳損傷の原因となった外傷や病気の急性期症状を脱した後（治療が一段落して，病状が安定して以降）において行うことになっています。

2. 認知機能障害が原因で，日常生活または社会生活に制約が生じている

　ここでいう認知機能障害とは，記憶障害（物の置き場所を忘れたり，新しい出来事を覚えていられなくなり，同じことを繰り返し質問したりする），注意障害（ぼんやりしていてミスが多い，物事に集中できず，作業が長続きしない，ふたつのことを同時にしようとすると混乱する），遂行機能障害（物事を目的に合わせて適切にやり遂げることができない，たびたび指示してもらわないと何もできない，計画性なしにいきあたりばったりの行動をする），社会的行動障害（人柄が変わったかのように，あるいは子どもっぽくなったかのような言動をとる，感情を爆発させたり，自己中心的な言動をしたり，依存的になったり，自発性がなくなったりする）などとされています。当然のことながら，原因となる脳損傷を受ける以前から存在した症

状は除外されます。また，身体障害として認定可能な認知機能障害を有するが，上記の主要症状を欠くものも除外されることになっています。

3. 症状に相当する検査所見を有する

MRIやCT，脳波といった検査で，症状の原因となる病変が確認されている必要があります。ここでも，原因となる脳損傷を受ける以前から存在した病変は除外されます。

Ⅱ. 苦手とする状況

やはり個別の特性による部分が大きく，一般的には論じにくいところですが，それに加えて，高次脳機能障害を持つ人の環境調整にあたってとくに難しいところは，自分に上述の変化が起きていることが認識できず，障害が生じる前と同じことができるという前提で行動してしまうためにトラブルが生じることがままあるということです。さらに，客観的に必要と思われる支援や助言も，本人が必要性を感じず受け入れようとしなかったりするので，一緒に働く同僚との関係も悪化してしまうことがあります。このような場合でも，決して本人抜きで環境調整や支援の方針を決定せず，必要に応じて，本人の信頼する支援者や医療関係者も含めたミーティングを持ち，本人の意思を確認しながら支援を組み立てていくこと，またその決定事項がどのような内容で，いかなる理由や過程により決定に至ったのかをいつでも本人が確認できるように文書にしておくことなどが，望ましいやり方といえます。

文　献

1) 融道男, 中根允文, 小宮山実ほか：ICD-10：精神および行動の障害：臨床記述と診断ガイドライン. 医学書院, 東京, 2005.
2) 大熊輝夫：現代臨床精神医学第12版. 金原出版, 東京, 2013.
3) 樋口輝彦, 市川宏伸, 神庭重信ほか：今日の精神疾患治療指針第2版. 医学書院, 東京, 2016.
4) 川上憲人：厚生労働省厚生労働科学研究費補助金国立研究開発法人日本医療研究開発機構 障害者対策総合研究開発事業（精神障害分野）「精神疾患の有病率等に関する大規模疫学調査研究：世界精神保健日本調査セカンド　総合研究報告書」. 2016.
5) 渡邉修, 山口武兼, 橋本圭司ほか：東京都における高次脳機能障害者総数の推計. 日本リハビリテーション医学会誌, 46(2)；118-125, 2009.
6) 蜂須賀研二, 加藤徳明, 岩永勝ほか：日本の高次脳機能障害者の発症数. 高次脳機能研究, 31(2)；143-150, 2011.
7) 厚生労働省：知ることから始めよう　みんなのメンタルヘルス：精神疾患のデータ. http://www.mhlw.go.jp/kokoro/speciality/data.html
8) MSD：MSDマニュアル家庭版. http://www.msdmanuals.com/ja-jp/ホーム
9) MSD：MSDマニュアルプロフェッショナル版. http://www.msdmanuals.com/ja-jp/プロフェッショナル

COLUMN 1

診断は重要か？

澤田恭一
就労支援センター FLaT

　医療的な治療にとって，診断名は治療内容を決めるために重要です。しかしながら，精神疾患や診断名はごく細かな症状や行動特徴を全て規定するものでありません。よって，診断名自体で企業の対応が決まることは通常少ないと思われます。これは，就労支援者にもあてはまります。診断名が全ての行動特徴を規定するわけでないので，それに応じた対策を練らなくても支援は可能です。

　他方，診断名から，病気で発現しやすい代表的な症状（統合失調症では妄想・幻覚，うつ病では気分の落ち込み）を知ることはできるかもしれません。よって，診断名を知っていることにデメリットはないと思います。しかしながら，ある人が持っている事実の一つに固執しすぎるよりも，その人の特性を活かすためには，その人のことを全体的に「教えてもらいながら」関わることのほうが，就労に関する行動特徴をつかむことができますし，同僚として人間関係を築くためには大切なことになります。

　例えば，障害者雇用の中での定着支援における体調管理で重要視しているのは，本人のストレス耐性とストレスへの対処力，そしてコミュニケーション力などが指摘されていますが，これらは診断名だけで決められるものではありません。統合失調症を抱える人の中には，対処力とコミュニケーション力に優れる人もいれば，ストレス耐性が低かったりストレスへの対処

が苦手な人もいます。これは，うつ病やその他の精神疾患でもあてはまります。また，ストレスへの対処については，個別のストレスの溜まり方，ストレスの高さがあり，「ここまでなら大丈夫だけど，このラインを超えたらまずい」というラインは人によって異なります。精神障害者を雇用する企業は，それらについて，精神障害を持つ従業員と共有し，そのラインのレベルを一緒に高めていくことが重要かもしれません。

コミュニケーション力に関しては，特に体調面や精神面において自分の事情や状況を相談できる，あるいは相手に伝えられるかが鍵となることがあります。株式会社フレスタホールディングスの人事総務部部長の渡辺裕治氏によると，このコミュニケーション力は精神障害を持つ従業員への特別な管理的報告義務とするよりも，その他の挨拶や返事，仕事の中で必要な"報・連・相"の習慣をつける職場内トレーニングの一環として行うことでレベルアップするのではないかと考えているそうです。また，コミュニケーションの不具合でストレスがかかっていることも少なくないので，コミュニケーション力の向上は，ストレス耐性やストレスへの対処力にも関連していると思います。

すなわち，診断名を知っておくことで損はないかもしれませんが，決して重要なものではないかもしれません。また，診断名は個人のプライバシーでもありますので，軽率な聞き取りは関係性を悪化させる可能性もあることを最後に付け加えます。

第3章 障害の特徴と個人差の理解

面接でわかること,わからないこと,働きながらわかること

丸山次郎
就労支援センター FLaT

- 面接だけでわかることは限定的で,どのような場合に体調に変化が起きるかなどは精神障害を持つ本人もわからないことがあります。
- 疾患や障害そのものを聞くよりも,生活状況や体調が変化した際の対処方法を聞くことが大切です。
- 職務上の相談や愚痴を言える場を作るなど,精神障害を持つ従業員とコミュニケーションを重ねる中で,彼らの仕事への思いや悩み,必要な環境的対処を知ることができます。

I. 面接のスタンス

　多くの企業において,求職者を採用する際の大きな情報源は採用面接となることが一般的です。他方,精神障害を含め障害の有無にかかわらず,採用面接において求職者から得ておきたい情報は共通であり,面接手法も特別なものではありません。求人を出す際には,やってもらいたいと思っている仕事がまずあって,その仕事内容や職場のイメージに合う人物を探すために面接が行われます。企業が求める人材のイメージに求職者が適合するかどうか予備的な判断をするためには,時に「障害が

あるかないか」「その仕事に障害がどう影響するだろうか」という質問が含まれる場合があると考えることが基本的なスタンスになります。他方，面接は完璧なものではありません。障害の有無にかかわらず，どのような採用であれ，うまくいくときもあれば，うまくいかないときもあります。また，精神障害者保健福祉手帳（以下，手帳）を所持しているからといって，彼らを精神障害者の集団として一括りにできる特徴を見出すことも不可能です。よって，求職者に対して，診断名や障害の特性を聞いても，その話の内容は参考程度に留めておくくらいがよいかもしれません。

　一方で，面接で質問できない内容も障害の有無に関係ありません。法令等で示されている選考に関係のない質問の禁止については，精神障害者の雇用に際しても当然適用されることは言うまでもありません。また，精神障害の症状について聞くこと自体は違法なわけではありませんが，あくまで相手の同意に基づく自由意思による発言が尊重されること，今後の働き方を考える上で必要と思われる内容に限るべきであるということも，併せて留意する必要があります。また，例えば，特段の理由がない限り，面接で求職者に対して仕事内容と関係ない異性関係を聞くことはないと思います。これらは法令上のルールでもあり，企業と求職者の間のマナーでもあります。

Ⅱ. 何を聞くか？

　それでは，実際に面接では求職者に対してどのようなことを聞くのが一般的でしょうか？　一般的な内容としては，過去の

職歴やアルバイト歴の有無など，従事してきた仕事内容や辞めた理由などの確認です。これらは障害者雇用以外での採用でも同様のことです。これらの内容に加えて，精神障害者雇用の場合，職歴のある人では，どんな働き方をしていたか（障害の開示／非開示の状況など），体調に影響するかもしれない勤務時間や勤務日数（勤務していた時間帯や残業，勤務シフト，夜勤の有無等々）といったことが挙げられるかもしれません。これらの情報は，ある程度客観的にわかる事柄であることから，今後働く上での配慮事項を一緒に検討する際に具体化しやすく，参考になる情報が含まれていることがあります。他方，面接の場で辞めるきっかけになったような「前職でうまくいかなかったこと」について話すのは，誰にとっても勇気のいることであることから，求職者の本音が出にくい可能性があります。ただし，このような質問は，精神障害者だけにあてはまるわけではなく，どのような採用面接にもあてはまります。

　同様に，面接をする側にとっては精神障害を持つ求職者から本音が引き出しにくく，求職者にとっても伝え方にも苦慮することが多い精神疾患や障害に関しては，あくまで個別的な話として質問するように努めるべきです。上述したように診断名や手帳の有無だけで精神障害を持つ求職者を一括りにはできませんし，求職者の中には「精神障害者」というステレオタイプの偏見に苦しんだ経験のある人もいます。その中で，仕事に関係があり，かつある程度客観的で個別性の高い事柄の一例としては，通院の頻度や，おおまかな薬の種類，服薬のタイミングなどは，比較的聞きやすい内容かもしれません。

　服薬状況については，主観的な薬効など，留意が必要な質問

もあります。精神科医療の中心は薬物治療であることが現状ですが，薬のもたらす影響には個人個人によって違いがあります。そのため，主観的な薬効の詳細を聞くというよりは，服薬に対する意識を聞くことが重要です。例えば，何のために薬を飲んでいるのかといったことを本人がどれくらい把握しているかについて確認することは，服薬を含む医療に対する向き合い方を確認することにつながるかもしれません。求職者には薬を飲まない，飲みたくないという自由もあります。しかし，一度服薬を開始した人が急に中断を図ることは，再発（のようにみえるものも含む）のリスク要因になります。継続的な服用が必ずしも病状の安定を保障するものではありませんが，個人の服薬や治療に対する態度は「病状の安定維持」という点に多少の影響があると経験的に思います。精神障害を開示して就労を目指す求職者に対しては，そのような意識の高さを知るために，自分で理解している各薬剤の服薬の目的や管理状況などの質問を通して，医療に対して自身でコントロールする姿勢，主体的な関心を向けているかについて，少し聞いてみることはよいかもしれません。

　ただし，繰り返しの強調となりますが，服薬状況の質問は，求職者が処方されている薬の量や種類のことを詳細に問うこと自体が目的ではありません。さらに，このような質問に上手に答えられないからといって，自己管理が下手あるいは治療に対して否定的な態度であるとは限りません。逆に，上手に答えられる求職者の中にも，治療に対して否定的な人もいます。また，自身の病気にまったく無関心な求職者であっても症状が安定している人がいるのも事実です。最終的には，採用面接にお

いて，求職者の態度や人柄，雰囲気で判断するほかないともいえます。

　最後に，支援者が同行する場合の留意点を述べます。上記についての情報は支援者からも得ることができると予想されます。しかしながら，障害者雇用においても，求職者自身の仕事に対する主体的な姿勢や態度は必要です。（この職場で）やってみたいという自分の意思，障害の程度，できることとできないこと，自信のあること，自信のないこと，フォローの必要性，得意なことなどについて，求職者本人が自分の問題として伝えることは，企業にとっては求職者の持つ仕事への意欲の確認にもつながります。言い換えると，面接場面に支援機関の人が同行する場合に，求職者本人に代わって支援者が答えることは，求職者にとっては自分をアピールするチャンスを失うことになりかねず，企業にとっては貴重な情報を逃しかねないことになります。よって，面接の場では可能な限り求職者本人に面接者の質問に答えてもらうのがよいと考えます。

Ⅲ．面接でわからないこと

　面接で得られる情報は非常に限られています。他方，面接する企業にとっては，少しでもよい人材や長期に働ける人材を探したいという思いは共通です。その意味で，企業が求職者に対して最も聞きたい事項の１つに体調があげられます。例えば，「どのような状況で病状が悪化するのか」「悪化したらどうなるのか」「仕事が病気にどんな影響を与えるのか」などです。しかしながら，現在の医学では精神疾患や障害を持つ人の再発や

症状の波を完全に予測することはできません。当然,求職者本人も全てを予測することはできません。求職者によっては,体調の悪化等について,過去の経験からある程度は答えることができたり,事前に回答を準備したりするかもしれませんが,その詳細についてははっきりと口にできる場合が少ないのが実際のところです。すなわち,症状の悪化を含めた体調全般については「わからないことを答えるのは,どこかに無理がある」ということを前提にして聞いたほうがよいと思います。「Ⅱ.何を聞くか?」でも触れましたが,予測できない症状や体調そのものを聞くよりも,医療に対する本人の態度・主体性を知るために,生活状況や体調が変化した際の「事後的な動き」「対処法」を聞くほうが実際には大切です。

体調や症状の悪化には,働くことに限らず,日々の様々な要因が関連します。言い換えますと,ある人の体調が悪化したとき,常に職場だけに重大な症状悪化のリスク要因があるわけではありません。しかしながら,「Ⅰ.面接のスタンス」でも触れましたが,プライバシーの問題を考慮すると,求職者の生活面について何でも聞いてよいものでもありません。むしろ,聞いてはいけないことのほうが多いかもしれません。

面接では求職者の全てを把握することはできませんし,できる質問も限られています。そのような中で,企業側として面接でできることは,あらかじめ求職者に対して,職場環境の特徴や具体的な仕事内容,業務上のリスク,昇級の条件など労務問題になりやすい事項を丁寧に提示することです。特に,企業が持つ特有の労働環境やハウスルール(あるいはローカルルール)等がある場合には明確に示しておくことが重要です。ま

た，企業側が職場において求職者にどのように働いてほしいのか，あるいは今後の見通しなどを事前に伝えておくことも，精神障害者雇用にとっては重要な情報となる場合が多く見られます。

Ⅳ．働きながらわかることと支援者の位置づけ

これまで述べてきたように面接でわかることは非常に少ないのですが，わからない情報の多くは実際に働く姿を見ることで把握できます。例えば，精神障害を抱えた人は一般に「疲れやすい」とも言われています。例えば，長期に働いていないブランクのある精神障害を持った新しい従業員が「疲れやすさ」を口にした場合，働きながら感じる様々なストレスであるのか，働くための体力が不足していたことによるものなのか，単に慣れないことをやり始めたという通常に起こることが精神的に与える影響なのか，おそらく本人にも周囲にも，厳密に区別することはできないと思います。特に，精神障害を理由に就労のブランク期間が長い人やはじめて就労する人にとっては，就労はこれまでの生活が一変するかもしれない大きなイベントです。例えば，これまで毎日掃除や洗濯ができていた人が，就労してみると休日にしかできず，これまでの清潔感を保てなくなる人もいるかもしれません。また，生活場面については，支援者がいる場合には，彼らと連携することで適切な対応をとることができるかもしれません。

このような事例への明確な対処方法や正解があるわけではありません。すなわち，仕事をしながら，微調整や従業員とのコ

ミュニケーションを重ねることが重要です。そうした微調整をしていくうえでは，仕事を含めた生活上の愚痴のやり場や相談したいことをマメに聞くことができる環境の有無は重要であり，それによって雇用や定着状況が変わることも多いです。これらの環境整備は企業内で調整できることもあるかもしれませんが，本来，企業が生活のことを含めて全てを担う必要はないかもしれません。その際，精神障害を持つ従業員によっては，支援者が生活上の話などを聞くことが可能ですし，そこに支援者の存在意義があります。また，適宜となりますが，支援者が従業員と企業の間に立って，企業と調整すべき必要のある事柄があれば，企業側に調整を促します。

　ただし，企業にも都合（全体の目標やスケジュールなど）があります。企業あるいは支援者は，精神障害を持った従業員のニーズに応えられないこともあります。その場合に，支援者は従業員と一緒に「うーん」と悩むだけのこともありますが，働く中で従業員が仕事をどのように考え，どのようにそれを乗り越えていくのかを知るために，この悩みの共有が重要です。このような職業上の自身の悩みや葛藤を共有することは，本来は支援者である必要はないかもしれません。精神障害を持たない多くの人の場合は，友人や家族など自前でそのような関係性を持っていることが多いです。しかしながら，精神障害を持つ人の場合，精神疾患を持ったことで，それまでの様々な友人関係や社会関係から遠ざかったり，家族以外との，場合によっては家族との関係も希薄になっている（それどころか深刻な軋轢を生じていることさえある）人も，決して少なくありません。言葉を吐き出すところがないというのは，誰にとってもしんどい

ことですので，支援者を含め，仕事外でそういったよろず相談が可能な人間の有無は，仕事の継続に関わる部分があるかもしれません。他方，このような詳細な個人背景は，面接時に直接聞けるようなことではないため，働きながら従業員を理解し，時に支援者をうまく利用する必要があります。

Ⅴ．離職防止とコミュニケーション

　精神障害を持つ人には，これまでの日常生活や職業生活上においてうまくいかなかった経験があることによって自己評価が著しく下がってしまい，自分は不要な存在であると早合点してしまうことがあります。わかりやすい例としては，ある従業員が企業に採用されて働き始めても，まだハローワークにその企業の求人が残っていたら，自分は辞めさせられるのだろうかと考えてしまう事例がありました。また，面接の受け答えは完璧で，3ヵ月間問題なく働いてくれており，人事部から評判のよい従業員から急に「来週，辞める」と言い出されて，企業からするとまったく寝耳に水のような気分のまま，従業員が去っていくのを見送るしかないというケースもあります。

　これらは意図しない，悪気のないディスコミュニケーションや面接での最初の印象を鵜呑みにしたコミュニケーション不足の結末であることが多い印象です。従業員の離職は個人的な要因（例：「仕事をすれば普通に疲れるものだ」という当たり前の認識が不足している）も多く，必ずしも企業の努力で防ぎきれない場合も多いことは事実です。ですが，思いのほか単純なことで回避できることも多くあります。特に，精神障害を持つ

た従業員は，自分自身が必要な人財となっているかどうかという点を気にかけることが多いです。先の2つの事例では，前者は勤務初日に当該の従業員の雇用と関係なく，ハローワークで追加の職員をまだ募集していると伝えておけばよいですし，後者は就労後に継続的なコミュニケーションをとったり，支援者を交えて話したりすることで解決できたかもしれません。離職防止という観点からみると，面接での情報取得よりも，勤務開始後のコミュニケーションを通して情報を取得することが重要であるといえます。

　本章では，採用面接について，基本的なスタンスから離職防止の観点までを述べました。その趣旨は一貫しており，面接で得られる情報が限定的であり，就労後の仕事ぶりとコミュニケーションの中ではじめて必要な情報を得られることを強調しました。これらは精神障害者雇用だけにあてはまるものではありません。

　子育て中の人，介護が必要な家族がいる人，シングルマザーやシングルファーザー，高齢の労働者，がん患者の人などの従業員をすでに雇用している場合や採用面接の対象としている場合，彼らに求められる雇用や面接上の配慮と精神障害者に対する配慮の基本的な考え方自体は共通です。すなわち，多様な働き方を模索している企業の場合，精神障害者雇用だからといって面接時において特別な姿勢で構える必要はありません。

COLUMN 2

企業が面接できくこと

渡辺裕治

株式会社フレスタホールディングス／管理本部

　株式会社フレスタホールディングス（以下，フレスタ）は，明治20年の創業以来，「正直な商売」と「進取の気性」に一貫してこだわり，スーパーマーケットとして130年以上の歴史を積み重ねてきた企業です。企業理念には「お客様の笑顔を原点に，信頼される品質と安心を提供し，食から広がる，豊かで快適な暮らしの創造提案企業を目指します」と掲げています。この真意は，従業員一人ひとりが常にお客様の視点で物事を考えられる人になること，私たちが提供できる信頼感と安心感は，商品から得られるもの以上に，それを提供する「ひと」から影響を受けるものが多く，フレスタがフレスタである以上，そこで働く「ひと」の思いは欠かせない重要な要素なのです。こうした"人財"を育てることこそ，フレスタという企業の最終目的ともいえます。

　フレスタは，企業理念を基とした障害者雇用を推進するにあたり，障害を持たない従業員と同様に，障害を持つ人の雇用においても入り口に気を遣うことで，「スタートのスタンス」を大切にしています。フレスタでは，面接官が就職面接で必ず説明すること，確認することを明確にしています。具体的には，就職面接では必ず求職者本人と話すことを基本とし，支援者の話を聞き過ぎず本人の言葉に耳を傾けるようにしており，できるだけ本人のみと面接するようにします。

　面接の内容としては，まず企

業として，具体的な仕事内容（どんなことをしてもらうのか，そしてその仕事内容の中でのリスクについても説明する），労働環境（実際に働いてもらう場所，部署の雰囲気や人員構成など），企業の特徴（フレスタで働くとどんなことが実現するのかなど），ハウスルール（フレスタにおける社会性，規律について），その仕事の目的（何のためにその仕事をするのか，してもらいたいのか），業務への期待（企業としてどこまでやってほしいと思っているか）などを説明します。そして，就職希望者に対しては，自分の意志（自分で決めてここに来ているのか，何がやりたいのか），障害の背景と程度を含めた自分の今の状況と状態（説明された仕事内容を行うにあたっての不安や自信，どこまでできると感じているのかについて），フォローが必要であるかどうか（フォローが必要であれば可能な範囲での具体的な説明を求めることもある），自分の特徴（何が得意なのか，どんな経験があるのか），可能スキル（今できることを提示してもらう）について確認していきます。

また，仕事のスキルは継続勤務により向上していくので，まずはできるだけ長く働いてもらうために，説明できるところは企業のマイナス面も含めてできるだけ説明しておきたいですし，就職希望者からも仕事をするにあたっての不安も含めてしっかりと話を聞いておきます。さらに，フレスタでは，面接だけでは判断できない場合，求職者とフレスタがお互いを理解できるように，そして納得できるように3日程度の実習制度を設けることもあります。

弊社の障害者雇用における面接における重要ポイントは2点に集約されます。1つは，面接では本人の言葉で語ってもらうことです。もう1つは，面接の際には企業からも仕事内容や労働環境をマイナス面も含めて具体的に説明することです。これらの作業を通して，求職者と企業がお互いに納得感の得られる採用ができるものと思います。

第4章 雇用に関する法律・制度

障害者雇用促進法と
さまざまな制度

本多俊紀
コミュネット楽創

- 障害者雇用促進法は，一定割合（約2％）で企業に障害者を雇うことを促しています。
- 求人には誰でも応募可能な一般求人と，障害を持った人だけが応募できる障害者求人があります。

　2018年4月より，障害者雇用率の決定の際に精神障害者の人数も考慮されるようになることは，この本が発刊されるきっかけのひとつとなりました。今日までの精神科医療保健福祉の発展の影響もあって，精神障害者の社会復帰と権利が見直され，少しずつ雇用も前進してきました。今後も，さらなる発展とともに法定雇用率引き上げも含め，雇用関連法制度も整備され，改定されていくでしょう。

　本章では，今後も時代に合わせて変更され続けるであろう法制度を理解し，活用することについて，「障害者雇用促進法」を中心に周辺制度も紹介しながら述べていきます。そして，雇用の入り口である求人についても考えたいと思います。

障害者雇用促進法とは

「障害者を雇用しない会社から罰金をとるための法律なんでしょ？」と揶揄されることも少なくないのですが、厚生労働省ではその目的を「障害者の雇用義務等に基づく雇用の促進等のための措置、職業リハビリテーションの措置等を通じて、障害者の職業の安定を図ること」[1]としています。つまりこの法律は、企業・団体に対しての障害者の「雇用義務」と、障害者が労働者として活躍するための「支援」について定めたものといえるでしょう。「雇用義務と納付金（後述）のことだけが知りたい」という人もいるかもしれませんが、「支援機関と協力できたことが有効だった」という障害者雇用の経験がある企業も多く、障害者雇用を考える企業は、採用し、継続して働いてもらうために、支援制度を知ることも役立つと思います。

そして 2016 年の改正から「障害者に対する差別の禁止」「合理的配慮の提供義務」などが追加されました。これは、今後の障害者雇用を考えるのに不可欠な要素なので、後ほど少しだけ触れておきたいと思います。

それではここからは「精神障害者の障害者雇用義務」と「法定雇用率と納付金・調整金」「職業紹介と相談・支援」「障害者差別と合理的配慮」の 4 つの点について説明します。

I．精神障害者の障害者雇用義務

　そもそも「障害者雇用義務」とは，企業・団体に対して，常用雇用する労働者の中に一定割合以上の障害者の雇用を義務づけるということです。そして「精神障害者の雇用義務化」とは，改正前に障害者雇用の対象となっていた身体・知的障害者に加えて，新たに精神障害者を入れたということです。今まで（2006年以降）も，精神障害者は障害者雇用率に算定されていましたが，国が定める最低限の障害者の雇用割合「法定雇用率」を設定する根拠となる障害者の数には計上されていませんでした。どういうことかというと，精神障害者保健福祉手帳を持つ精神障害者は，身体障害者手帳，療育手帳（これらは単純に「手帳」といわれます）を持つ人と同等とみなされているに過ぎなかったということです。そこで，2018年4月からは障害者雇用促進法の障害者の数に精神障害者が加わり，その総数が増えたため，法定雇用率が引き上げられることになりました。これが精神障害者の雇用義務化です。

　「じゃあ雇用人数は増えるけど，今まで通り，身体・知的を雇ってたらいいんだ」と考えるかもしれません。しかし，平成29年の障害者白書によると，わが国には，身体障害者392.2万人（構成比45.7％），知的障害者74.1万人（8.6％），精神障害者392.4万人（45.7％）が住んでいます（手帳を持っていない・稼働年齢ではない者も含む）。この数字から，たとえ法的に問題がなかったとしても，多くの企業が精神障害者を雇わずに法定雇用率を達成するのが難しいことが予想されます。

Ⅱ. 法定雇用率と納付金・調整金

　一定人数を超える従業員数の企業・団体には，その人数規模に応じた障害者の雇用義務「法定雇用率」が定められています。この時に「障害者」として計上されるのは「身体障害者手帳」「療育手帳（知的障害者）」「精神障害者保健福祉手帳」の3種類のいずれかの手帳を持つ障害者です。一方，障害者のなかには手帳を何らかの理由で持っていない人もいますが，雇用義務にかかる障害者はこの手帳で区分されます。

　具体的に障害者雇用率をどう算出するかの計算は，以下のとおりになります。

$$\frac{（週30時間以上勤務の障害のある従業員＋週20時間以上30時間未満勤務の障害のある従業員×0.5）}{（週30時間以上勤務の全従業員＋週20時間以上30時間未満勤務の全従業員×0.5）} \times 100（\%）$$

※重度の障害者と認められる場合には1人を2人分として計算されることがありますが，精神障害者の場合は障害の重症度は考慮されません。

　そして，法定雇用率はどのようになっているかというと，以下のとおりになります。

民間企業：2.3％（当分の間は2.2％）
国及び地方公共団体・特殊法人：2.6％（当分の間は2.5％）
都道府県等の教育委員会：2.5％（当分の間は2.4％）

※これは 2018 年 4 月 1 日に改正施行されたものです。一部の業種には障害者が就業するのが困難な業種として除外率が設定されています。この「当分の間」とは施行より 3 年以内に見直されることになっています。

そしてこの計算から，その企業で雇用しなければいけない障害者の最低人数も下記のように計算できます。

例えば，週 30 時間以上勤務の従業員が 100 人，週 20 〜 30 時間勤務の従業員が 200 人の民間企業の場合，

$$(100 人 + 200 人 \times 0.5) \times 2.3\% = 4.6 ≒ 4 人（端数切捨て）$$

となります。

雇用する障害者 1 人とは，週 30 時間以上勤務する従業員を示し，週 20 時間以上 30 時間未満勤務の障害者 1 人は 0.5 人と計算されます（週 20 時間未満勤務の障害者は，法定雇用率には計算されません）。

この人数以上を雇用しなければ，雇用率未達成企業として不足 1 人当たり月 50,000 円（年 60 万円！）を「障害者雇用納付金」として納めなければなりません。一方で，法定雇用率を達成し，それ以上に雇用している場合には，雇用率を超えて雇われている障害者 1 人当たり月 27,000 円の「障害者雇用調整金」が支払われます（※ 2018 年 4 月現在は 101 人以上の企業のみ。従業員 100 人以下の企業は，納付金と調整金はありませんが，多くの障害者雇用を実施している場合は報奨金 21,000 円が支

払われます。納付金・調整金・報奨金は時々金額が変更されています)。

　納められた納付金は，調整金をはじめとしたさまざまな障害者雇用促進に使われます。つまり，障害者雇用が進み，あたりまえのこととなったときには，納付金が減って調整金の財源がなくなるという仕組みでもあります（賛否はいろいろあります)。また，この法律の趣旨は「障害者が働くこと」を促進させることですから，今後も徐々に雇用率は引き上げられ，納付金対象の事業規模は引き下げられていくことが予想されます。

Ⅲ. 職業紹介と相談・支援

　障害者雇用促進法では雇用義務を定めたうえで「職業リハビリテーションの措置等」として位置づけられる「支援」についても規定しています。これは，雇用環境を整える等の企業向けの支援と障害者本人への支援の両方があります。例えば，採用するとき，合理的配慮を検討するとき，戦力として働き続けてもらうための本人と企業の双方でのアプローチ等，さまざまな場面で，職業リハビリテーション関係機関と協力することが，障害者，雇用する企業，一緒に働く同僚などにとって，良好な結果を生むことも多くあり，職業リハビリテーション関係機関を知っておくことは重要な人材戦略になると考えられます。

　ここでは，職業リハビリテーション関係機関のなかで障害者雇用促進法に関連する，ハローワーク，地域障害者職業センター，障害者就業・生活支援センターについて触れておきたいと思います。

1. ハローワーク

ハローワークは，職業リハビリテーション機関では唯一の公の機関です。他の職業リハビリテーション機関と連携して障害者雇用を推進する要となる存在でもあります。

正式名称を公共職業安定所といい，その目的のため，膨大な求人・求職情報を持っており，障害者雇用のための専用窓口も設置しています。企業に対して障害者専用の求人を作るサポートや，一人一人の能力をうまく発揮できるように企業と障害者を結ぶ職業紹介も行っています。また，雇用率未達成企業への改善指導や助言，雇用に関する助成金など，たくさんの障害者雇用に関する制度の管轄もしているので，採用から雇用継続，退職に至るまで，いろいろな相談に乗ってくれる機関です。

2. 地域障害者職業センター

独立行政法人高齢・障害・求職者雇用支援機構によって運営され，各都道府県に隈なく設置されている機関です。障害者の職業訓練や，能力評価，障害者の雇用相談や「ジョブコーチ」などの事業を行っています。

ジョブコーチとは，障害者が職場に定着するために企業に雇われたり，派遣されたりする専門職のことで，職場に訪問し，障害者が職業能力を発揮するために仕事のやり方を工夫して指導したり，職場と障害者本人との間で調整役として働きます。訪問型の支援期間は3ヵ月程度で，その後は職場のなかで，その障害者以外の従業員が障害を理解し，従業員同士として一緒に働くことができるように仲介していきます。また，ジョブコーチ自体は，他の支援団体等でも実施している場合もあります

が，地域障害者職業センターではどこでも必ず配置されています。

また，このほかにも，うつ病を持つ人への復職支援や障害者雇用事例の蓄積，在宅就労，助成金の相談など幅広い支援を行っており，障害者を雇用して何か困ったときに相談できる窓口となっています。

3. 障害者就業・生活支援センター

障害者の「就労」と「生活」は不可分といわれています。これは，何も障害者に限ったことではなく誰にでも当てはまることですが，特に障害者は「障害」があることによって就労と生活のどちらかに不具合が発生したときに，もう一方にも大きく影響を及ぼし，両方がうまくいかなくなることも少なくありません。そのため，就労と生活の両方への支援が必要といわれ，両面を一体的にサポートするための相談・支援機関がこの障害者就業・生活支援センターです。障害のある従業員について，仕事以外の生活面の相談もできるという意味では非常に頼もしい機関といえるのではないでしょうか。

しかし，障害者就業・生活支援センターは全国300ヵ所以上に設置されていますが，支援内容・範囲が広く，サービスを求める障害者も多いことから，支援のマンパワーが足りないのも実情です（第8章参照）。

ハローワーク，地域障害者職業センター，障害者就業・生活支援センターはお互いに連携しており，何か困ったときにこのどこかに相談することで必要なサポートに繋げてくれると思い

ます。この3つの機関は、障害者総合支援法における就労支援系といわれる事業とも協力・連携しながらサポートするところも多く、企業にとってはそれらのサポートとの窓口になり得ます。また、ひとりの障害者に対し、ハローワークが中心となってさまざまな支援機関とチームを作って支援する「チーム支援」も行われており、多職種多機能のサポート機関と協力しながら障害者雇用を進めることは企業にとって多くのメリットが考えられます。

　しかし、企業側が障害者支援専門機関にいつまでも頼り続けるというような依存的姿勢ではうまくいきません。いくら協力してくれる支援機関があるとしても、最終的にはそれらに頼らない雇用を目指すことがとても重要です。その理由は、本来の「雇用」というかたちを考えると、企業と従業員の間で締結される契約であり、障害の有無にかかわらず、その主体である双方によって課題が解決されていくのが自然なことだからです（支援機関は、マンパワー的にもすべてのニーズに答えるのは難しいということもありますが）。

　つまり、障害者という特別な社員を雇うのではなく、従業員にはいろいろな人がいて、その「いろいろ」の一つには障害があり、そんな多様な人が戦力として働く企業こそが、これからの企業のかたちだと思います。

Ⅳ. 障害者差別と合理的配慮

　詳しくは本書の第5章をお読みいただきたいと思いますが、ここでも少しだけ触れておきたいと思います。

あたりまえのことですが，障害の有無にかかわらず差別されてよい人間などいません。そして今までも，男女間の差別，人種による差別，出自による差別など，たくさんの差別解消が少しずつ進められてきています。障害についても差別の問題が根強くあり，特に精神障害者についての差別，偏見，烙印はいまだ大きな問題です。障害者雇用においても，以前に比べれば，ずいぶんと解消されてきていると感じますが，現在も意識的差別・無意識のうちに生じる差別が残っている事実は拭いきれないと思います。

　2016年に施行された障害者差別解消法に基づいて，障害者雇用促進法でも障害者雇用における差別の禁止と合理的配慮の提供義務について指針が示されました。法整備に伴い，企業が「差別」とは何を指すのかを理解し，障害があっても一従業員として働いてもらうための配慮「合理的配慮」についてどう取り組むとよいのかを考え続けることの重要性が示されました。

　これにより企業の負担が増えたととらえる人も多いと思います。しかし，労働関係法令の根幹ともいえる労働基準法1条1項に「労働条件は，労働者が人たるに値する生活を営むための必要を満たすものでなければならない」とあり，この改正は障害の有無にかかわらず誰でも，人として当たり前に「生き」「働く」ということを再確認し，「雇用」本来のあるべき姿に立ち返ったものともとれます。

　その視点から考えると，この改正は，たとえ障害があったとしても一緒に働く「従業員」「同僚」として，あたりまえに迎え入れる工夫を奨励する法律改正と私は考えています。

「障害者求人」と「一般求人」

障害者が求職活動する際に，よく「障害者求人」「一般求人」ということが選択肢として出てきます。まずこの違いを整理したいと思います。

障害者求人	障害者のみを対象として従業員募集されているもの
一般求人	障害の有無に関わらず従業員募集されているもの

本来はこれだけのことなのですが，ハローワークでの求人か否か，障害者雇用率や配慮，障害者雇用に関する制度利用などの部分で違いが出てきます。

通常，ハローワークを通して募集する場合は，ハローワークの担当者が求人作成や募集内容を考える手伝いもしてくれます。そして障害者を募集するとき，特に雇用率算定ができる障害者を募集するときは，この障害者求人が活用できるでしょう。その際にはハローワークの専門援助部門がどのように募集したらよいのか，その後の採用・雇用をどうすればよいのか等を一緒に考えてくれますし，助成金・制度（ハローワークを通した求人以外では活用できない助成金等もあります）活用についても教えてもらえます。また，雇用率算定できる障害者は手帳の有無で判断されますが，助成金や制度については手帳がな

くても使えるものもあり，これもハローワークで確認することができます。さきほども紹介しましたが，たくさんの支援機関が連携して雇用を進める「チーム支援」というのも，この障害者求人で行われ，障害者雇用を助ける支援機関の総合的な窓口となる場合もあります。

　一般求人は，どんな人でも応募できる求人です。応募者のなかには障害者がいることもあり，その場合には障害を開示して応募する場合も開示せずに応募する場合もあります（よく，オープン／クローズといわれます）。企業にとっては，障害者の応募を想定していないということも多いかもしれませんが，障害者雇用促進法において「障害者差別禁止」が定められており，単純に「障害者を想定していなかった」という理由で応募者を選考しないことはできません。これは，障害者求人でもあてはまります。応募者の障害の内容・種別が想定していたものと違っていたということでも選考しない理由にはなりません。あくまで，その業務ができるか等を基準に判断することになります。また，例えば，クローズで応募がなされ，企業側がその障害を知らないまま採用した後に障害がわかったとしても，その業務に支障がないにもかかわらず，障害を理由に不採用や解雇とすることなども差別となります。障害者求人は，障害者のみが応募できる求人として，さきほどのクローズという状況はないように思われますが，企業側も採用の際に業務と無関係の質問ができないように，業務に関係のない障害を本人が伝える必要はないため，すべての障害を伝えられているわけではないこともあります。

企業としては「そんなことでは困る」と思われるかもしれません。しかし，障害者だから特別に正直に包み隠さず伝えるというわけではなく，障害を持たない人と同様に，自分が採用されるように伝えることには理由があります。精神障害者をはじめ障害者の中には，その障害を他者に知られることによって，差別や偏見，過剰な配慮などの社会的不利を経験してきたことが多く，より敏感に，ひた隠しにすることも少なくありません。彼らの社会的背景を考えると，単純に「正直ではない」と一方的に責めることはできない問題となります。

その他の制度（障害者総合支援法, 他）

障害者雇用をとりまく制度は, 障害者雇用促進法だけではありません。一般に通じる労働法もそうですし, 昨今は各自治体が障害者関連の条例を定めていたりもします。そのなかでも「障害者総合支援法」における障害福祉サービスは, 就労と大きな関係があります。

この法律は「障害者の日常生活及び社会生活を総合的に支援するための法律」という正式名称が示す通り非常に大きな枠組みの法律なので, ここではその一部の「就労移行支援事業所」を紹介します。

就労移行支援事業所とは, 障害者が企業での就労に向けて, 訓練したり就職活動をしたりするための支援を行う福祉サービスにおける就労支援事業所です。全国に3,000ヵ所以上[2]と最も多い職業リハビリテーション機関であり, 障害者の企業就労を支える最前線でもあります。単純に就職までの支援だけではなく, 関係の深さから就職後もその障害者からもっとも信頼を寄せられることも多く, ともに雇用を支えてくれるパートナーにもなり得ます。

その一方で, 数は多いのですが, 事業所ごとにサービスの質の偏りが指摘されており, 実際に就労支援の実績が少ない事業所などもあります。しかし, 実力や実績のある就労移行支援事業所は, さきほどの障害者雇用促進法のところで紹介した職業リハビリテーション機関とも連携しているところが多く, 就職

活動に積極的なところが特徴と考えられます。

また，今後も職場で働き続けるための支援機能も強化されていくと考えられ，より身近に連携するサポートとなるでしょう。

その他，障害者雇用に関する制度では「トライアル雇用助成金」「特定求職者雇用開発助成金」など，障害者雇用を始めるときの後押しをしてくれる助成金や，環境を整えるための助成金，長期間雇用するための制度なども多数あります。これらは年々充実の方向に改正が続けられています。内容変更も頻繁なため，何をどう活用してよいかを考えるよりは，職業リハビリテーション機関に相談し，そのときに合わせて使えるものを活用していくのが良策です。

また，制度だけではなかなか解決できないこともあります。その一つに「障害者が職場に定着しない」といわれることがあります。これは障害を原因とした不安定さ，戦力へのなりにくさ，障害への理解，コミュニケーション，賃金など，さまざまな理由があります。単純に，能力や待遇といった面だけではなく，それらの背景には障害を持たない他の従業員の雇用管理と同様に，将来への希望や企業への帰属意識づくりという一般の雇用管理と同じ課題も見え隠れしています。障害者にもそれぞれ希望や目標があり，野心もあります。障害者を数多く雇用すればよいという時代は，すでに過去のものになりつつあります。それぞれの職業キャリア・ライフキャリアを考えられる人材管理は，これからの障害者雇用を進めるうえで重要な要素ではないかと思います。

精神障害者の雇用に対して抵抗感を感じている人もいるかもしれませんが，社会的な要請やCSRの観点からも，さらなる雇用促進が求められ，それに応えるように今後も法整備が進むことが予想されます。なぜならば，本来目指すことは障害の有無にかかわらず，誰もがあたりまえに働いている社会となることだからです。

文　献

1) 厚生労働省：障害者雇用促進法の概要. http://www.mhlw.go.jp/file/06-Seisakujouhou-11600000-Shokugyouanteikyoku/0000062439.pdf
2) 厚生労働省：平成27年社会福祉施設等調査の概況. http://www.mhlw.go.jp/toukei/saikin/hw/fukushi/15/dl/gaikyo.pdf#search=%27%E5%B0%B1%E5%8A%B4%E7%A7%BB%E8%A1%8C%E6%94%AF%E6%8F%B4%E4%BA%8B%E6%A5%AD%E6%89%80%E6%95%B0%27

第5章 障害者雇用促進法と合理的配慮

合理的配慮とは何か

松為信雄
文京学院大学人間学部

・障害者雇用促進法では，差別禁止法と合理的配慮の提供義務について指針が示されています。
・合理的配慮は，個別性と合意が基本となり，障害を持った人と企業との相互理解の中で提供されます。

障害者雇用促進法における合理的配慮

2013年6月に改正された「障害者の雇用の促進等に関する法律（以下，障害者雇用促進法という）」は，雇用の分野における障害者に対する差別の禁止と合理的配慮の提供義務を企業に課しています。

Ⅰ. 障害者権利条約と労働分野の対処

1. 障害者の権利条約

合理的配慮の提供義務を企業に課すことを定めた背景には，

国連が2006年に採択し，2008年から発効した「障害者の権利条約」について国内で批准するための一連の法整備の過程で行われました。

「障害者の権利条約」の第27条は全11項目から構成された労働の権利について明記されています。その主な項目は，以下の通りです。

> A項：あらゆる形態の雇用に係るすべての事項（募集，採用及び雇用の条件，雇用継続，昇進並びに安全かつ健康な労働条件を含む）に関し，障害に基づく差別の禁止。
>
> B項：他の者との平等を基礎として，公正かつ良好な労働条件（平等な機会および同一価値の労働についての同一報酬，ハラスメントからの保護を含む安全かつ健康な労働条件並びに苦情処理を含む）についての障害者の権利の保護。
>
> I項：職場において合理的配慮が障害者に提供されることの確保。

これを受けて，我が国では，障害者制度改革推進会議の意見をもとに国内法の整備が進められ，2011年には「障害者基本法」の抜本的改正，2012年には「障害者総合福祉法」の制定，2013年には「障害者差別禁止法」の制定が行われました。そして，前述の労働分野における権利条約への対応として障害者雇用促進法の改正が行われました。

2. 障害者雇用促進法の改正

同法の改正では，雇用分野における障害者差別の禁止と合理

的配慮の提供義務を企業に課すとともに，精神障害者も法定雇用率の算定基礎に加えた法定雇用率を改定しています。後者の法定雇用率の改定は，2018年4月から現行の2.0％を2.2％に引き上げ（民間企業の場合），施行から3年未満のうちにさらに2.3％とすることとしています。

また，雇用分野における障害者の差別禁止と合理的配慮の提供義務は，2016年4月から施行されています。なお，これに関して，労働政策審議会障害者雇用分科会は，「障害者に対する差別の禁止に関する規定に定める事項に関し，事業主が適切に対処するための指針（以下，差別禁止指針という）」と，「雇用の分野における障害者と障害者でない者との均等な機会若しくは待遇の確保又は障害者である労働者の有する能力の有効な発揮の支障となっている事情を改善するために企業が講ずべき措置に関する指針（以下，合理的配慮指針という）」の2つの指針を示しています。また，厚生労働省は改正法の施行後に，「合理的配慮指針事例集」と「障害者差別禁止・合理的配慮に関するQ&A」をホームページに公開しています。

Ⅱ．差別の禁止

基本的考え方として，差別禁止指針[1]では，①全ての企業は障害者とそうでない者に対して，従業員の募集及び採用で均等な機会を与えること，②賃金の決定，教育訓練の実施，福利厚生施設の利用その他の待遇で不当な差別的取扱いをしてはならないこと，とされました。禁止される差別には，障害者であることを理由とする直接差別に加えて，社会的不利を補う手段の

利用等を理由とする不当な不利益取扱いを含みます。また，企業や職場の同僚が，障害の特性に関する正しい知識を得て理解を深めることが重要であるとされました。

ここでいう障害者とは，「身体障害，知的障害，精神障害（発達障害を含む）その他の心身の機能の障害があるため，長期にわたり，職業生活に相当の制限を受け，又は職業生活を営むことが著しく困難な者」とされ，障害者雇用促進法の規定と同じです。

また，差別禁止の内容には，①募集及び採用，②賃金，③配置（業務の配分及び権限の付与を含む），④昇進，⑤降格，⑥教育訓練，⑦福利厚生，⑧職種の変更，⑨雇用形態の変更，⑩退職の勧奨，⑪定年，⑫解雇，⑬労働契約の更新の13項目および，労働に関するすべての分野を網羅しています。

ただし，障害者であることを理由とする差別に該当しない内容も明記されました。それらは，①積極的差別是正措置として，障害者でない者と比較して障害者を有利に取り扱うこと，②合理的配慮を提供し，労働能力等を適正に評価した結果として障害者でない者と異なる取扱いをすること，③合理的配慮に係る措置を講ずること，また，その結果として障害のない者と異なる取扱いになること，④障害者専用の求人の採用選考や採用後に，雇用管理上必要な範囲でプライバシーに配慮しつつ障害者に障害の状況等を確認すること，などです。

Ⅲ．合理的配慮

基本的な考え方として，合理的配慮指針[2]では，①障害者と

企業との相互理解の中で提供されるべきであること，②企業の義務であること，③採用後に事業主が必要な注意を払っても障害者であると知ることができなかった場合には，企業は合理的配慮の提供義務の違反に問われないこと，④過重な負担にならない範囲で合理的配慮に係る措置が複数あるとき，企業は障害者との話し合いのうえでより提供しやすい措置を講じてよいこと，⑤障害者が希望する合理的配慮の措置が過重な負担になるときは，企業は話し合いのうえで過重な負担にならない範囲で合理的配慮の措置をすること，⑥合理的配慮の提供が円滑になされるようにするためにも，事業主や同僚などが障害特性に関する正しい知識を得て理解を深めることが重要であること，などを示しています。

なお，障害者の意向の確認が困難な場合には，就労支援機関のスタッフ等が障害者を補佐することを求めても差し支えありません。

合理的配慮の内容は，①募集及び採用時には，障害者とそうでない者との均等な機会を確保するうえで支障となっている事情を改善するために，障害者の障害特性に配慮した必要な措置を行うこと，また，②採用後では，障害者とそうでない者との均等な待遇の確保や，能力の有効な発揮の支障となっている事情を改善するために講じる措置です。職務の円滑な遂行に必要な施設の整備や援助を行う者の配置などをいいます。

なお，日常生活に必要な眼鏡や車いす等の提供，配慮をしても職務遂行に支障を及ぼすと判断された職務の継続などは，企業に求められる合理的配慮に該当しません。

合理的配慮の手続きと対応

Ⅰ．合理的配慮の手続き

　合理的配慮指針[2]の基本的な考え方は，前述したとおりですが，具体的な手続きは募集及び採用時と採用後では異なります。

1．募集と採用時の手続き

①障害者は，支障となっている事情とその改善のために希望する合理的配慮を企業に申し出ます。それが困難な場合には，支障となる事情を明らかにするだけでよく，また合理的配慮の措置に時間がかかる場合には，面接日までの間に時間的余裕をもって申し出ます。

②障害者の申し出に企業が対応する場合，支障となっている事情を確認したうえで必要とされる合理的配慮の措置について話し合いを行います。また，障害者が合理的配慮の内容を具体的に申し出ることが困難な場合には，企業が実施可能な措置を示して話し合います。

③合理的配慮の確定は，企業が障害者と話し合いのうえで具体的な措置を講じます。ただし，措置の内容が過重な負担に当たると企業が判断した場合には，それを実施できないことを障害者に伝えます。また，措置が複数あるときはより提供しやすい措置を講じてもよいとされます。なお，措

置の内容や措置を実施できない理由は，障害者の求めに応じて説明します。

2. 採用後の手続き

企業は，雇入れの以前あるいは以降に障害者であることを把握した場合，職場で支障となっている事情の有無を確認します。また，障害の状態や職場の状況が変化することもあるため，必要に応じて定期的に事情の有無を確認します。なお，障害者が自ら職場で支障となっている事情を申し出たり，その状況を明らかにした場合，企業はその改善のために障害者が希望する措置の内容を確認します。

Ⅱ．過重な負担の内容

企業にとって過重な負担であるか否かは，以下の要素を総合的に勘案して事業主が個別に判断することとされました。

①企業活動への影響の程度：企業の生産活動やサービス提供への影響，その他の事業活動への影響の程度。
②実現困難度：企業の立地状況や施設の所有形態などで，措置を講ずるための機器や人材の確保，設備の整備等の困難度。
③費用・負担の程度：複数の障害者から合理的配慮に関する要望があった場合，それらに対応した複数の措置に要する費用・負担も勘案。
④企業の規模：企業の規模に応じた負担の程度。

⑤企業の財務状況：企業の財務状況に応じた負担の程度。
⑥公的支援の有無：措置に係る公的支援を利用できる場合は，それを前提とした判断。

企業は，申し出があった具体的な措置が過重な負担に当たると判断した場合には，その措置を実施できないことを障害者に伝え，障害者からの求めに応じてその理由を説明します。また，話し合いで障害者の意向を十分に尊重したうえで，過重な負担にならない範囲で合理的配慮に係る措置を講じます。

Ⅲ．合理的配慮への対応の仕方

合理的配慮に対応していくには，次のことが求められます。

第1に，厚生労働省のホームページに公開されている「合理的配慮指針事例集」の活用です。この事例集は，企業にとっては障害者の雇用管理において配慮すべき事項の具体的なノウハウを，支援者にとっては合理的配慮に関する相談や支援を企業や障害者から求められた場合の調整のための基準となります。

のみならず，事例は事業所の過重な負担に相当しない合理的配慮のガイドラインでもあるのです。そのため，障害者自身はその水準に到達し得るように，自らの能力を高めていく目標水準ともなります。

第2に，企業の対応が必要です。そのためには，①相談に応じて適切に対応するために相談窓口（担当者・部署）の設置と労働者への周知，外部の機関に相談への対応の委託，担当者が相談に対応できる力量のあること，②相談内容への適切な対応

として，職場で支障となっている事情の有無を迅速に確認して，事情が確認された場合に合理的配慮の手続を適切に行うこと，③相談者のプライバシーを保護するために必要な措置を講じ，そのことについて従業員に周知すること，④相談を理由とする不利益取扱いはしない旨を，社内報やホームページ等で周知・啓発するとともに就業規則その他の職務規律等を定めた文書でも明記すること，などがあります。

合理的配慮のための雇用管理は，一般的で集団的対応ではなく，個人に対する個別性と合意が基盤となります。そのため，障害者雇用の経験やノウハウがそのまま適用でき，他社と経験やノウハウの共有や，支援機関や医療機関等の社外支援ネットワークの確立が重要となります。

第3に，障害のある人自身の対応です。合理的配慮指針[2]で示されている基本的な考え方は，障害者と事業主との相互理解の中での提供であり，障害者が合理的配慮に関して企業に申し出ることが重要となります。そのためには，障害者が，①自分の得意・不得意な分野について自覚してそれを実体験としても理解できていること，②不得意な分野に対して具体的な対処の方法を承知してそれを（十分ではないながらも）実行していること，③これらの得意・不得意分野の特徴や対処の仕方について，他者に説明できて必要に応じて援助を求めることができること，が求められます。

特に，これらのことをまとめた「自己紹介書」の作成が重要です。その中には，できることやセールスポイントと苦手なことや機能障害の特徴，苦手なことや機能障害に対する自身の対処の仕方・工夫・努力の内容，必要な支援（インフォーマルな

支援も含む）の内容，企業に望む配慮の内容などを明記します。

　第4に，支援機関の対応です。障害者と企業の双方から合理的配慮に関する相談が来る可能性が高いでしょう。そのため，①双方の信頼性の確保と維持のために，相談に適切に対処できること，②合理的配慮に関する相談支援に応えられる力量のあること，③合理的配慮に関するデータベース更新の情報提供をすること，が求められることになるでしょう。

合理的配慮の実際例

Ⅰ. 合理的配慮の事例

　合理的配慮の具体的な事例は，①「障害者雇用事例リファレンスサービス」と，②「合理的配慮指針事例集」の2つのデータベースから検索することができます。

1. 障害者雇用事例リファレンスサービス
　高齢・障害・求職者雇用支援機構のホームページにある「障害者雇用事例リファレンスサービス」[3]は，障害者雇用について創意工夫を行い積極的に取り組んでいるモデル企業の事例と，合理的配慮の提供に関する事例からなり，いずれの領域も，企業の業種別（13業種），従業員規模別（6分類），障害別（10種類）から選択的に検索できます。

2. 合理的配慮指針事例集
　合理的配慮の内容は，障害者の障害特性に応じた個別性が高く，企業によって配慮に該当するか否かの事情も異なるため，一義的には決められません。そこで，厚生労働省は，合理的配慮に該当するか否かを企業が判断するための参考として，実際の企業等からの事例を継続的に収集して「合理的配慮指針事例集」のデータベースを公開しています。

　これは，障害類型（視覚障害／聴覚・言語／肢体不自由／内

部障害／知的障害／精神障害／発達障害／難病に起因する障害／高次脳機能障害）別に具体的な配慮の事例を掲載し，また障害者雇用に係る就労支援機器一覧と障害者雇用に係る関係機関一覧も併記されています。

　2017年9月現在の事例集（第Ⅲ版）[4]で公開されている精神障害の配慮について，その概要は以下の通りです。ただし，事例集は精神障害の疾患別の詳細な配慮にまで言及していないので，その活用には注意が必要となります。

Ⅱ．募集・採用時の配慮

1．就労支援機関スタッフの面接時の同席

　面接時に就労支援機関のスタッフ等を同席させます。精神障害のさまざまな疾患によって障害特性や必要な配慮が異なり，意思疎通を助けたり障害特性等を知ってもらうために就労支援機関のスタッフ等が同席することを認めます。

2．その他

　面接時にはその他にも，個室で実施し集団面接を免除，事前に確認した障害を持つ求職者の障害特性を踏まえて過度な負担と感じないように配慮，必要事項の書面による説明，緊張時には中断して落ち着いてから再開，障害を持つ求職者や保護者の不安解消のため職場見学や勤務内容の説明，などをします。

Ⅲ. 採用後の配慮

1. 相談の担当者の配置

　業務指導や相談の担当者を定めて，障害者が働く上で支障となる事情を互いに認識し，その解決のための適切な配慮をします。そのために，担当者を固定したり業務指導者（現場の上司等）と相談対応者（人事担当者等）を分ける，定期的な面談や日誌交換を行って仕事の悩みや体調等を把握して仕事にフィードバック，社内カウンセラーや保健師や精神保健福祉士等を配置して定期的なカウンセリングや相談対応，などを行います。

2. 優先順位と目標の明確化

　業務の優先順位や目標を明確に示します。そのために，業務指示は作業終了後に一つずつ出して複数の指示を併行させない，作業手順のマニュアルの作成，マンツーマンで手本や見本を示しながらの指導，ジョブコーチや就労支援の専門スタッフの助言を受けて効率的な作業方法の伝達，できるだけ担当者の近隣で作業に従事，作業指示の内容はメモをとることを指導，新規の仕事に際しては事前に伝えて心の準備をさせる，作業場所・内容・時間等を明記した業務チェックリストを自記して業務の進捗の確認とフィードバックを行わせます。

3. 勤務日や勤務時間の調整

　通院・体調等に配慮するため，出退勤の時刻については，通勤ラッシュを避けたりフレックス制を導入します。休憩時間の扱いでは，規定外でも認めたり分割して取る，障害を持つ従業

員の体調を見て声掛けをして取らせる，体調の回復を優先して早退を促す，などをします。休暇の取得については，障害を持つ従業員が負担に感じないような勤務日や勤務時間の調整，通院を考慮したシフト，1時間単位で有給休暇の取得ができる，急な体調不良による欠勤は担当者に個別に連絡できる，急な欠勤や長期欠勤後の復帰時には面談でストレスを解消させる，などをします。

4. 労働時間と職場環境への配慮

労働時間や職場環境への配慮では，短時間勤務を認めて徐々に勤務時間を延ばす，残業や夜間の業務は控える，勤務時間の延長は障害を持つ従業員の体調等を最優先にしながら担当者や主治医の意見を踏まえて話し合いを重ねる，体調・睡眠・服薬等に関する自己記入式のチェックリストを活用する，などをします。

5. 休憩時間・場所の調整

勤務時間中の休憩に対する配慮では，安静な場所を確保するために会議室の開放や時間帯を他の従業員とずらす，障害を持つ従業員自身がリラックスできる自由な場所（車の中，外出等）での休憩を認める，休憩室に簡易ベッドを置く，などをします。

6. 業務量の調整

業務量等の調整による配慮をします。そのため，障害を持つ従業員の負担や体調あるいは業務の習熟度に合わせて段階的に

増やしていく，混乱しないように業務内容をパターン化する，無理なノルマや有期限の仕事は控えて本人のペースで業務をさせる，障害特性を考慮して苦手な作業を除去した業務に就かせる，生活リズムを維持させるために当直シフトはさせない，業務量が多い場合は他の社員がフォローしたり担当者がサポートする，業務量や作業内容の変更時には丁寧な聞き取りや日誌等で確認して調整する，ジョブコーチなどの就労支援機関の助言を得る，障害を持つ従業員の希望に即して様々な業務にチャレンジさせるが不首尾に終わっても不安にならないよう配慮，などをします。

7．他の労働者への説明

　障害を持つ従業員の希望に基づいて，他の従業員に障害内容や必要配慮を説明します。そのため，精神障害の病名の説明はしない，配慮が必要な事柄や仕事上に直接関係する障害特性の具体的な説明，体調不良の際の対応や社内外の関係者への連絡体制などを周知させます。また，説明に際しては，ジョブコーチの支援で本人の特性や必要な配慮事項を記した資料を作成・提示し，社会研修を実施します。

8．説明

　これらの他にも，ジョブコーチや就労支援機関からの継続的な支援，家族と密な連絡，緊急事態の発生に備えて社内用PHSを持たせる，作業に専念できるよう通路から離れた座席に配置，仕事の途切れによるストレスを少なくするために待ち時間にできる仕事を常に用意，通勤や職場でのストレス軽減の

ために在宅勤務とする，定期的に臨床心理士による個別相談の実施，就労支援機関や医療機関との連携を密にして社外のサポート体制を構築する，などがあります．

文　献

1) 厚生労働省：障害者差別禁止指針. http://www.mhlw.go.jp/file/06-Seisakujouhou-11600000-S　hokugyouanteikyoku/0000082149.pdf
2) 厚生労働省：合理的配慮指針. http://www.mhlw.go.jp/file/06-Seisakujouhou-11600000-S　hokugyouanteikyoku/0000082153.pdf
3) 独立行政法人高齢・障害・求職者雇用支援機構：障害者雇用事例リファレンスサービス. http://www.ref.jeed.or.jp/
4) 厚生労働省：合理的配慮指針事例集第三版. http://www.mhlw.go.jp/file/06-Seisakujouhou-11600000-Shokugyouanteikyoku/0000093954.pdf

COLUMN 3

企業における合理的配慮／
障害者雇用の考え方

渡辺裕治

株式会社フレスタホールディングス／管理本部

　高齢者や産休復帰者，外国人労働者など，多様な背景を持った人が一緒の職場で働くダイバーシティーという考え方の中で，障害者雇用は特別なことではなく，当たり前のことと考えています。例えば，車椅子の人がデスクワークをするのであれば，車椅子にあった高さの机を企業として用意することで仕事の効率が上がり，その人も他の従業員と同様の仕事ができるかもしれません。このように，基本的なスタンスとしては，「配慮はするが，区別はしない」ことが重要だと考えています。

　株式会社フレスタホールディングス（以下，フレスタ）では，精神障害者に対しても，可能な限り，同じ職場で同じ仕事ができることを求めています。精神障害を含め障害者だけを1つの部屋に押し込めたり，障害者だけの仕事を切り分けたりすることはしません。精神障害を持つ従業員が特別な仕事しかしないのであれば，他の従業員は精神障害者を特別な存在だと認識しますが，皆が同じ仕事をしていれば，数多くいる従業員の1人として認識します。つまり，フレスタでは障害者を理由に「区別した」働き方を求めません。

　一方で，みんなと同じ仕事をするには配慮が必要な場合もあります。例えば，ある精神障害を持つ人は，面接時に過去の経験から毎朝の出勤時の遅刻を非常に心配していました。そこで店舗の店長は，彼の勤務時間を午後からにしました。また，就

労開始後，人が多くいるところが苦手であるとわかった人には，従業員を含め人の行き来が少ない場所に勤務場所を変えたり，勤務時間を調整したりすることもありました。他の例では，店舗での雇用責任者（上司）の顔が見えない場所での仕事に不安を感じる人には，就労開始から職場に慣れるまでの2〜3ヵ月間は，常に上司のいるフロアでの仕事に従事してもらいました。

以上のように，フレスタは，精神障害を持つ従業員が他の人と同じように仕事をするため，可能な範囲で「配慮」をすることはあります。それはあくまでも「区別をしない」ためであり，従業員全員が同じ仕事ができることを念頭に置いたものです。また，このような配慮は，精神障害だけを理由に提供されるものではありません。例えば，シフトに対する配慮は，必要であれば，子どもの幼稚園の送り迎えをしなくてはいけない父子家庭，母子家庭の従業員にも適用します。逆に，障害者雇用促進法における障害者雇用率（週20時間以上の従業員が対象）という枠にとらわれなければ，週10時間や15時間のパートやアルバイトをしている人は決して珍しくありません。当然，フレスタは，弊社が要望する仕事に従事してくれる"人財"であれば，20時間に満たない勤務時間を希望する精神障害者も雇うことがあります。そのような雇用と障害の問題で，求職者に対して区別はしません。

すなわち合理的配慮は，特別なもの，あるいは法によって規定されるものではなく，仕事をするうえで何らかのニーズを持つ人がいた場合，企業ができる範囲で配慮することでより仕事をしやすくなる場合には，誰にでも提供するものであるといえるかもしれません。

COLUMN 4

障害者差別解消法

山口創生
国立精神・神経医療研究センター　精神保健研究所　社会復帰研究部

　障害者差別解消法（障害を理由とする差別の解消の推進に関する法律）は，2014年1月に我が国が批准した障害者権利条約を国内で具体化するために制定された法律です。この法律は2014年6月に成立され，2017年4月1日から施行されています。

　この法律の特徴は，大きく2つに分類されます。1つは「不当な差別的取り扱いの禁止」であり，もう1つは「合理的配慮の不提供の禁止」です。

　前者は，障害を理由として，ある人がサービスの利用を拒否されることを禁止することを指します。例えば，レストランに入店できないこと，アパートを貸してもらえないこと，会員制音楽鑑賞クラブに入会できないことなどが挙げられます。精神障害者雇用の例でいえば，企業の担当者が従業員を無視して，常に支援者や医師とだけ話し合うことも不当な差別的取り扱いになります。

　後者については，障害を持つ人が，その人の行動を制限するバリアを取り除くことを企業や公的機関，医療機関などに求めたときに，それらの事業所は負担が重くない範囲で対応することを求めています（努力義務）。例えば，聴覚に障害を抱える人が研修に参加した場合，本人と意思確認をしたうえで，文字が映し出されるスクリーンの側に席を設けることが求められるかもしれません。精神障害者雇用でいえば，文章だけで作業内容を把握することが難しい人に

は，作業内容がイメージしやすい挿絵のついた工程表を作成することが求められるかもしれません。

「合理的配慮」のあり方について，藤井（2017）は原語（reasonable accommodation）の意味から，「『障害者に思いやりを持って接する』というより，『環境調整を行なう』という意味に近い」と指摘しています。一方で，環境調整といっても，個人の求めるニーズや事業所の負担がその時々によって変化するため，議論となっています。将来的には，多くの事例を積み重ねて社会全体で合理的配慮のあり方が完成されていくと想像しますが，当面は合理的配慮を必要とする人，される人のどちらが一方的に思いを伝えるのではなく，両者が個別に必要としていることと対応可能なことを双方向のコミュニケーションによって丁寧に解決していくことが望まれます。

精神障害雇用の合理的配慮で気をつけたいことは，精神障害を持つ人の中には自分の意見を上手に伝えることが苦手な人がいると認識することです。例えば，上司が従業員を個室に呼び出し，「じゃあ，あなたが配慮を必要とすることを今から3つあげてください」と尋ねても，緊張で何も言えない人がいるかもしれません（個人差があるので，この例が全員にあてはまるわけではありません）。精神障害を持つ人にとっての合理的配慮の最初の1歩は，障害の有無にかかわらず，従業員全員が何気ない日常で，何気ない自分の意見を，何気なく言える職場環境を作ることにあるといえるかもしれません。

文 献

藤井千代：障害者総合支援法と障害者差別解消法．臨床精神医学，46；397-402, 2017.

第6章 精神障害者の雇用手順

障害者求人の利用から面接までの流れ

池田真砂子
社会生活サポートセンターこみっと

・障害者の雇用は，ハローワークや求人媒体の利用など複数のルートがあります。
・面接前の求人情報には具体的な条件を示し，求職者への連絡の際には穏やかに話す。

連絡する場所

　精神障害者を採用する場合，求人の方法はいくつかあります。基本的には一般の採用活動と同じです。求職者はあらゆる角度から職探しをしていますので，求人情報を求職者に届けるさまざまな方法を複合的に用いることが効果的と思われます。ここでは，代表的な採用活動で利用できる機関や媒体を説明し，事例を紹介します。

Ⅰ. 公共職業安定所（ハローワーク）

　会社住所を管轄するハローワークの障害者専門窓口で求職申し込みが可能です。地域により窓口の名前が若干異なるので，総合案内で障害者求人を出したい旨を伝え，ハローワークの職員に案内してもらうことをお勧めします。

　障害者専門窓口で相談しながら求人票を作成し，確認後，公開となります。求人に関しても経験豊富な職員が，細かく求人の相談に応じてくれます。業務内容の検討・支援制度の紹介・求人の公開の方法（すべての人に向けて公開するか，非公開の形で可能性のありそうな人にあたってもらえるか，面接会を開催するか）等の相談が可能です。また，採用に関する各種助成金を活用する場合，ハローワークでの求人が要件の一つとなります。

Ⅱ. 求人媒体（Web・誌面）

　近年のインターネットの普及や駅構内での無料の求人情報誌などの配布とともに，webや誌面での求人媒体の利用は，多くの人の目に求人情報が触れることになり，特に積極的に求職中の人に情報が届きやすいです。他方，利用する媒体によっては費用が高額なものもありますので，あらかじめ利用料や掲載料を調べることをお勧めします。

Ⅲ. 自社ホームページやソーシャル・ネットワーク（SNS）での求人公開

　関心のある企業や業界のことを調べ，ホームページを閲覧しながら就活している人も多いので，ホームページに採用情報があると関心の高い人が応募してくると思います。また，最近はSNSの活用も見られます。知人や縁のある人に声をかけるといった方法は，求める人物像に近い人に効率よく求人を知ってもらうことができます。SNSを活用することにより，手作業で行っていたことが，さらに効率的に行われるといったメリットもあります。

Ⅳ. 障害を持つ人を対象とした人材紹介

　一般の人材紹介会社で障害者の紹介を行っている会社から採用条件に合致する人の紹介を受けられます。かつ，候補者への連絡等も担ってもらえるので，メリットとしては採用活動にかかるエネルギーを軽減できます。一方，紹介のあった人を企業が採用する場合，人材紹介会社へ報酬を支払います。

Ⅴ. 障害を持つ人を支援する就労支援機関等

　就労支援機関には，働きたいと希望する精神障害を持つ人が多く在籍しています。支援者は求職者に求人情報を提供することがあります。また，求職者が求人に関心を持った場合は，支援者はハローワーク等と連携しながら求職者と雇用主の橋渡し

の役割を担います。ただし，支援者自身は精神障害を持つ人に対しての職業斡旋行為や企業に対する人材紹介はできませんので，留意が必要です。

Ⅵ. 事例：A社の場合①

　A社では定められた障害者の法定雇用率達成のため，新たに障害者手帳を持つ人の採用が必要と考えました。しかし，障害者採用は未経験のため，担当者はどこから手を付けてよいのか悩み，ハローワークに相談に行きました。一番の悩みは「障害のある人に何の仕事をしてもらえばよいのか」ということでしたが，率直に相談したところ，ハローワークの職員より，A社にほど近い福祉の施設である就労移行支援事業所を紹介されました。ハローワークの職員に仲介に入ってもらい，就労移行支援事業所の支援者がA社を訪問し，疑問の解消や業務の切り出しのサポートを得られることになりました。具体的には，A社は支援者から，仕事の切り出しとして，営業を担当する従業員の記録の補助や外回りの管理表の入力，その他の社内における伝達事項の管理などのアイデアを得ました。また，障害者雇用の求職者への配慮として，他の人の視線が気になることなどがあった場合にパーテーションを設ける，あるいは薬の副作用で朝に体調がすぐれないことが多い求職者には午後からの勤務とするなどの対応についてのアイデアを得ました。

求人票に記載する情報

　求人票に記載する情報は，基本的には通常の採用活動と大きく変わりません。どんな人材を求めているのかを明確化したうえで，求人票に挙げる情報を整理し作成します。他方，精神障害を持つ人を対象とした場合に，求職者がその会社での働き方を適切に理解する内容も必要です。ここでは，一般的な求人票の記載方法の留意点を簡単に整理し，精神障害者を対象とした場合に書かれていると望ましい内容を紹介します。そのうえで，求人票に関する事例を紹介します。

Ⅰ．求人票記載事項の注意点

　求人票を作成する際は，法律上，以下のようなことに注意を払わねばなりません。さまざまな法律で記載可能な内容が制限されていますが，代表的なものをいくつか紹介します。

- 原則として年齢制限を設けてはいけません（雇用対策法による規制）。ただし，合理的な理由がある場合，その限りではありません。
- 「女性募集」「営業マン募集」といった表現はNGです。男性と女性で採用を分けないこと，一方の性別のみの募集をしないことが求められます（男女雇用機会均等法による規制）。
- 求職者に誤解を与えるような求人の表現は虚偽の求人とみ

なされ，処罰の対象となりかねません。求職者にわかりやすく，平易で正確な表現が求められます（職業安定法による規制）。

精神障害を持つ人の場合には，上記に加えて，彼らが日頃から心配する雇用形態や雇用環境についての情報が記載されていることが望ましいといえます。下記にいくつかの例を紹介しますが，具体的な内容が記載されていることで，求職者は安心して応募し，採用後に必要な配慮に関する話し合いが可能となります。

・短時間勤務や在宅勤務の可否
・長時間の勤務の可能性
・残業の有無
・職場環境の特性（大きな音がする，一人仕事など）
・服薬のタイミングや通院の機会の保障
・個別に相談ができる体制の有無
・産業医や産業カウンセラーの存在
・キャリアアップの可能性とその時期

Ⅱ．事例：A社の場合②

ある日，A社に就労移行支援事業所の支援者が訪ねてきました。そこで，A社の採用担当者はその支援者に「専門性が高い職場だが，障害者にできることがあるのか」「エレベーターはないし，狭いから車いすは難しいと思う」「そもそも，障害者が働けるのか」「労働条件の設定は」「採用プロセスは他と

何か違いがあるのか」等，気がかりなことを質問したところ，支援者から求職者の人物像や他社事例といった具体例も交えながら説明がありました。しかし，Ａ社の採用担当者はいまだイメージがわかない旨を伝えたところ，支援者から「当事業所に見学にいらっしゃっては？」と提案があり，見学することにしました。

　その就労移行支援事業所には精神障害を持つ人が多く在籍しており，それぞれが求人票を見たり，応募書類を作成したり，スタッフと相談していたり，資格の勉強をしたりするなど，「利用者が障害を持っていること」が感じられませんでした。Ａ社の採用担当者は，支援者から再び精神障害の説明を聞くうちに「責任の範囲を広げすぎないようにすれば……」「専門性の高くない業務から取り組んでもらえば……」「短時間からのスタートなら，パートスタッフと同じ就業規則を使えるかもしれない……」「外注を見直せるかも……」といったアイデアが湧きました。

　Ａ社の採用担当者は，早速会社に戻り，各部署に専門業務と周辺業務の分化を依頼し，それをもとに求人のたたき台を作成，支援者からも助言を得てハローワークに向かいました。さらに，ハローワークの障害者求職受付窓口で，短時間からのスタートが可能であることや，通院日を確保しやすいようシフトを組めることを盛り込み，求人を公開しました。また，ハローワーク窓口で適任と思われる求職者が見えた場合，Ａ社の求人情報を提供してもらえるとの話もありました。つながりのできた就労移行支援事業所にも求人を公開した旨を伝え，施設利用中の求職者にも伝えてもらえることになりました。

面接などの連絡について

Ⅰ．基本的な内容

　会社が出した求人への応募を受け，面接を実施しようとした場合，求職者本人に連絡を取り，面接日時を調整します。ハローワークや人材紹介会社等と連携している場合には，彼らが仲介に入ることもあります。会社の採用担当者が求職者と直接連絡を取る場合，以下の２点に留意することで求職者が安心して面接に来訪できます。

・電話で連絡する場合，①メモを今取れるかどうか相手に尋ね，②要件を端的に伝え，③最後に確認の意味で復唱することの３点セットをお勧めします。これは精神障害を持つ人のなかには，その障害特性上，複雑な内容の話は理解に時間がかかるだけでなく，誤った理解（端的にいうと勘違い）をしやすい人がいるからです。

・穏やかではっきりとした口調で，相手に話しかけることをお勧めします。これはその場のコミュニケーションだけの問題ではなく，面接までの間に求職者の心理的安定を図ることにも役立ち，面接時に求職者の「普段の姿」をみることにつながります。

　上記は，一般的な留意点です。しかしながら，将来の雇用主になるかもしれない相手からの電話ですから，求職者は相当な

緊張感を持って臨んでいることが珍しくありません。その点に留意することで，求職者とのスムーズなコミュニケーション，ひいては将来の素晴らしい出会いにつながると予想されます。

Ⅱ．支援者がいる場合

　求職者に面接に関する連絡をした際，求職者に支援者がいる場合，求職者本人から「私とコンタクトを取るより先に，支援機関へ連絡をしてほしい」と求められることや支援者の採用面接への同席を希望する旨を伝えられることがあります。これは，求職者が必ずしも1人で面接に来ることができないという意味ではありませんので，留意が必要です。

　他方，面接の際，支援者の同席を許可するか否かは会社側の判断次第です。したがって，求職者から提案を受けても，全てを許可しなければならないわけではありません。以下に，支援者を含めた面接方法について，いくつかのパターンを紹介しますので，自社の文化や志向性，目的に合わせて，さまざまな方法を検討する必要があります。

・一次面接は求職者1人で来てもらい，本人からじっくり話を聞く。二次面接から支援者の同席を依頼する
・全ての面接に求職者1人で来てもらい，採用決定後に支援者を含めた関連機関とミーティングを持つ
・一次面接の際に求職者と支援者に一緒に来てもらうが，まず求職者とだけ話をする。その後，途中から支援者に同席してもらう
・一次面接の最初から支援者の同席を許可し，求職者と支援

者の双方の話を聞きながら次の面接に進めるか,あるいは採用の有無等について検討する

Ⅲ. 事例:A社の場合③

　求人情報公開から数日後,早速ハローワークから求人への応募の連絡がありました。その際,ハローワークの職員から「精神障害者保健福祉手帳をお持ちの方です。面接の際は就労支援機関の支援者も同行を希望しておられますが,可能でしょうか?」とお話がありました。

　A社では精神障害を持つ人を採用するのが初めてであったため,求職者の特性を第三者的な視点からも教えてもらい,選考の一助としたいと思い,支援者の面接同行を許可しました。

　面接の日程調整は,3つの候補日を求職者に伝え,支援機関の支援員と相談後,求職者本人または就労支援機関の支援者から連絡をもらうことにしました。

　翌日,就労支援機関の支援者から連絡を受け,面接日が決まり,面接となりました。面接は,A社採用担当者と求職者,支援者の3者で行いました。障害の特性や配慮については,求職者本人と第三者である就労支援機関の支援者の双方の意見を聞くことで,採用担当者は求職者とA社のマッチングをより具体的にイメージしやすくなりました。

Ⅳ. まとめ

　求人募集〜面接の一連のプロセスはファーストコンタクトの

場であり,情報共有の場ともいえます。この貴重な機会を有効に活用することで,企業・求職者双方にとって納得感と安心感を感じられる雇用につながっていくと思います。

第7章 障害者雇用におけるキャリア展開

職場におけるサポートのあり方

梅田典子
障害者就職サポートセンタービルド

- 精神障害を持つ従業員の職務上の希望と能力を注意深く見守りながら，仕事内容を広げることができます。
- 給与や昇進などは，仕事を続けるうえでのモチベーションになるので，明確にすることが推奨されます。
- 職場の同僚や周囲からの声掛けが，安定的な仕事の継続に役立ちます。

I．キャリアの捉え方

　これから障害者雇用に取り組もうと思っている企業にとっては，雇用する障害者にどのような仕事をしてもらうのか，どれくらいの給与を支払えばよいのか，勤務時間はどれくらいが適切なのかなど，考えなければならないことはたくさんあると思います。まず採用して，職場に配置するまでのさまざまな課題をクリアするだけでも大変なのに，その後のキャリア展開まではとても手が回らない，と思われるでしょう。

　しかし，「障害者である」ということを理由に，健常者とは異なる特別なキャリア展開を用意する必要はありません。精神

障害者と言っても，人によりその症状は異なりますし，それ以前に，個々人の経歴や年齢，家庭の状況，職業に対する価値観などはさまざまです。したがって，各自の望むキャリア展開にも個人差があります。この点は，障害のあるなしにかかわらず，同じではないでしょうか。

　もし，勤務した会社において，自分の望むキャリア展開が期待できないと判断したとき，最終的には転職という選択肢が浮上するのもまた，障害の有無にかかわらず共通のことだと思います。ただ，転職自体が比較的珍しくなくなった現在ですが，精神障害者を取り巻く雇用環境はまだまだ厳しく，彼らにとって転職は容易なことではありません。さらに，就職活動に伴う不安やプレッシャーの大きさを考えると，その職場をステップアップの場として就職する人は少ないと思います。

業務内容と調整

Ⅰ. 業務への習熟と個別のステップ

　縁あって採用された会社で，できる限り長く働き続けたいというのは，多くの精神障害者がしばしば持つ願いです。そのために，まずは自分に合った仕事に就くことが大事だと考えています。もちろん採用する企業にとっても，一度採用した人材には，できるだけ長く働き続けてもらうのは大事なことです。そこで，見学や実習，面接を通して，お互いに適性を確認するプロセスを丁寧に行うわけです。入社してまず最初は，通勤に慣れることから始まり，徐々に職場に慣れ，同僚や上司など人に慣れると，業務への習熟は加速します。

　では，雇用した障害者が入社当初の担当業務に習熟し，安心して任せられるようになったとき，次のステップはどう考えたらよいでしょうか。先に述べた通り，彼らのバックグラウンドはさまざまで，望む働き方も人それぞれです。なかには入社時に担当した業務から，本人の経験値の上昇に合わせて，担当の範囲を徐々に広げていくことを望むケースがあります。

　例えば，年齢が若く，これまでに就労経験がほとんどない精神障害を持つ求職者の場合，会社で働くということ自体のイメージが未熟な状態での入社となります。その場合，入社時の本人の適性から，雇用側が判断した担当業務が，長期的に両者にとってベストとは言い切れない可能性があります。というの

も，職場での経験を積むことで本人が成長し，その能力も向上していき，担当できる業務の幅が次第に広がっていくということは，大いにあり得るからです。また，本人としても，就職活動中には自分の想像できる範囲のなかで自分に向いている仕事を探したものの，実際に働いていくなかで興味の幅が広がったり，経験を通して新たな適性を発見したりと，自分自身のなかに変化を見つけていくこともあります。そのようなときに，本人の能力を企業が評価したうえで，適切に現場で活用し，成果を上げられるように新たな業務配分の検討がなされるような柔軟性のある雇用体制があると，企業と本人の双方にとってメリットのある障害者雇用が継続されていきます。

　また，別の例として，精神疾患を発症する前には企業に雇用されて働いた経験が豊富にあるものの，発症したのち，比較的長期に就労していない精神障害を持つ求職者が再度就労にチャレンジする場合，ブランクがある分，スロースタートを切ることが必要な場合が多く見受けられます。そのようなとき，就労にあたっては，働くペースの確立を優先するため，業務配分が限定された環境を求めて就職活動をします。しかし，職場に慣れ，仕事から離れていたことからくる不安が解消されていくと，本来持っている力がうまく発揮できるようになり，これまでの経験を生かして，業務の幅を広げた働き方が可能になることがあります。本人のやりがいという点だけでなく，企業にとっても彼らの能力がメリットとなる場合，やはり柔軟な業務内容の調整が行われることが望ましいでしょう。

Ⅱ. 同一業務の継続を望む場合

　このように，精神障害者の希望や能力に応じて，業務の幅を広げていくような調整が望まれるケースがある一方で，入社当初の業務範囲においてスキルの向上を図りつつ，安定的・持続的に同一業務に従事し続けることを望むケースもあります。具体的には，本人の適性と職場や業務とのマッチングにおいて，障害特性の点から考えたときに，担当可能な業務内容が限定される場合です。例えば，限定された種類の業務において反復繰り返しを要する作業には適性があっても，複雑で変化のある業務に柔軟に対応するのは難しい場合があります。

　特に精神障害者の場合，その障害の影響で，業務遂行において重要な認知機能に障害が出ることがしばしばあります。具体的には，記憶力や注意力に加え，情報処理速度や計画を立案し実行するプロセスに必要な機能も障害されることがあり，本人のやる気や意欲とは関係なく，業務の種類が増えていくことに困難を感じるケースは少なくありません。もちろん，周囲からみて，安定的に自分の担当業務をこなせるようになっている人には，追加の業務を任せたくなるのは当然のことです。その際には，本人の障害特性を鑑みて，適性に合った類似の業務から追加する，新しい担当業務への本人の不安をできるだけ減らすよう引き継ぎ期間をゆったりとるなどの工夫が求められます。

　また，発達障害の場合，その障害特性による得意・不得意が慣れによって劇的に変わることは見込まれませんし，環境変化への耐性が低い場合が多いので，長く安定した勤務継続のためには，本人の特性を考慮した業務内容の調整が望まれます。

待遇

Ⅰ. 雇用形態

　障害者雇用におけるキャリア展開を考えるうえで，業務内容のあり方に加え，重要なのが勤務時間や給与・雇用形態などの待遇です。先に述べたように，精神障害者の雇用環境が厳しいなか，彼らの望みとして，「次の就職では，できるだけ長く安定して働きたい」という声が多く聞かれます。特に，周囲からの差別的な視線を恐れて，障害を開示せずに働き，結果的に転職を余儀なくされた当事者も多く，その彼らが障害を開示し，障害者雇用という道を選ぶにあたり，安心して一つの職場で長く働く，ということを何より重要視するのも無理のないことだと思います。そのため，応募にあたって求人情報を検討し始めたときには，安定した雇用を求めて「正社員（＝無期雇用）」という雇用形態を望む人は少なくありません。

　しかし，障害者雇用において，採用時に正社員という待遇を明示しているものは少ないのが現状です。また，精神障害者自身も，自分の体力や体調を考えると，パートタイムの勤務から始めることを望むケースが多いのも事実です。このような現状で，実際には短時間でのパート・アルバイト契約や契約社員という雇用形態で入社することになります。その先の展開についての希望は，人それぞれです。安定した雇用を望む気持ちはあっても，長時間（フルタイム）勤務が難しいときには，契約更

新に関する不安を抱えつつも、引き続き有期雇用を希望することになります。

しかし、なかには職場や業務に慣れたときにパートタイムからフルタイム勤務になり、正社員という雇用形態になりたいという希望が出てくる人もいます。そうなったとき、正社員登用の道があるということが、彼らにとって大きな励みになります。正社員になるためには、勤務時間数だけでなく業務内容や能力、その他さまざまな条件をクリアする必要があると思いますが、その条件を示してもらい、適切に評価をされることで、自分の現状を知り、目標を持って、成長への努力を続けることができます。この点は、障害者雇用だけが特別ということではないと思います。

Ⅱ．勤務時間

勤務時間もまた、精神障害者の雇用継続における重要な要素の一つです。精神障害は外からは判断しづらいため、雇用した障害者が抱える困難が周囲の人にはわかりづらいということが多くの企業の不安につながっていると感じます。診断名や症状、職場で必要な配慮などは人それぞれですので、個々の障害者と企業が率直に話し合うことが何より重要になりますが、多くの精神障害者に共通する性質として、「疲れやすい」ということが挙げられます。通常であれば、社会的な活動を通して身体的・精神的に体力を養う時期を療養に費やしていたことや、疾患の影響で認知機能が低下していること、新しい環境では不安や緊張がとても強くなることなどが影響し、一つ一つのこと

を行う際に必要とするエネルギーが障害を持たない人よりもずっと多くなっています。そこで，勤務開始当初は，短時間から始めることが必要となる場合が多いのです。しかし，職場の雰囲気や業務，同僚や上司に慣れてくれば，一つ一つの処理にかかる負荷は減り，時間当たりの疲労度は低くなってきます。そのタイミングで勤務時間を延ばす希望が出てくるというケースがよくあります。この希望は，実際ほとんどの企業に歓迎され，少しずつ時間を延ばして働く人は多いです。

ただ，時間延長に伴う業務配分変更がスムーズにいかず，なかなか勤務時間を延ばすことができないということがあります。もともと本人の担当している業務自体の種類が少なく物量が多いという場合は，時間を延長してもそのまま同一業務を延長時間分行うという形が可能になり，本人にとっても現場にとっても，スムーズな時間延長ができます。しかし，実際にはそうではなく，時間延長の際には，延長分に見合う新たな業務追加が検討されることが多いです。その追加業務が，本人の適性と職場の現状にあった形で用意できるかどうかが，速やかな時間延長となるかどうかを左右します。

企業によっては，組織横断的に柔軟な仕事の切り出しを行うことで，本人にも職場にも効果的な対応を実現しているケースもあります。同じような仕事が複数のセクションで行われているときに，それらをまとめることで，業務の種類を大幅に増やすことなく，仕事のボリュームを確保でき，精神障害を持つ従業員にとって取り組みやすく，しかも複数セクションの業務を効率化できる，といったやり方が一つの例です。企業の業態や，事務所や店舗といった事業所の形態によって，その場に適

した方法はさまざまに異なります。

Ⅲ．給与

　このような勤務にあたっての諸条件に加え，給与もまたキャリア展開を考えるうえで，非常に重要な要素の一つです。自身の働きに対しての評価を，給与という対価で手に入れたいという思いは，大なり小なりすべての労働者に共通するもので，仕事へのモチベーションに及ぼす影響も大きいでしょう。ハローワークに出される求人の中には，障害者専用の求人があり，障害を開示して働くことを選んだ障害者のほとんどは，自身の職探しをそれらの求人のなかから行うことが多いです。障害者専用求人といっても，さまざまな職種があり，その内容に応じて提示されている給与水準もまちまちです。精神障害を持つ人からは「障害者雇用だと，安い給料しかもらえないんですよね？」という質問を受けることがしばしばあります。その傾向があることも事実ですが，以前と比較し，障害者専用求人でも，専門的な技術や高度な能力が必要とされるものには，相応

の給与が提示される求人も増えています。企業が給与を決める際には，たとえ障害者求人であっても，応募者に求める働き方や専門性，その水準とのバランスを考慮することが求められるでしょう。そして，給与が高い仕事に応募する際には，求められる働き方も相応のレベルが求められるということを想定して，求人検討をする必要があります。

そのようなプロセスを経て，自分に合った求人に応募していくわけですので，採用時の給与については，精神障害者と企業の双方が十分に納得したうえで契約成立となります。ところが，長期にわたり精神障害者の就労定着の支援をしているなかで，「昇給」が課題となるケースが出てきていると感じます。特に，最低賃金ベースでの時給契約をしている場合に多いのですが，賃金改定が最低賃金法の改定に従って行われるだけになっていることがあります。その場合，同一の業務を数年続け，入社当初に比べてスキルも効率も上がったことに対する評価を得られないという不全感を感じることに加え，勤務地の都道府県が違えば，何年も経験値が勝っている障害者よりも，同一業務を担当する入社してきたばかりの人のほうが給与が高いということにもなり，モチベーション低下を招くことにもなります。精神障害者の職場定着率が低いことが問題視されている現状を考えると，同じ職場に長く定着し続けている障害者に対して，継続そのものを賃金で評価することも，彼らの職場定着を促進するうえでも必要なことだと言えます。

このような現状について，企業と話し合うとき，多くの場合，社内の仕組みが整っていないということが難しさの理由に挙げられます。例えば，パート契約の従業員には評価システム

がなかったり，昇給の対象は正社員に限られていたりするというわけです。賃金制度は，それぞれの企業において自社の理念やビジョンを反映する非常に重要な制度ですから，簡単に変更できるものではありません。しかし前述の通り，精神障害者には，パートタイムの働き方といえども定年まで勤めあげるという意識の人が多いです。障害者雇用に限らず，働き方の多様化が広がりつつある今，さまざまな働き方の事情を考慮して，柔軟な仕組みで受け入れができると，長期的に意欲の高い社員を雇用し続けられると考えます。

ナチュラルサポート

I. 実際に働く場での受け入れ態勢

　近年，障害者の利用できるさまざまな福祉サービスが，法律で整備されてきています。そのなかには，障害者の就労をサポートするようなサービスも規定されており，その規定に基づき，障害者の就労を支援する事業所の数は年々増えています。企業での就労を目指す精神障害者のなかには，そのような支援機関のサポートを利用する人がいます。それら支援機関の多くは，就労を希望する障害者の就職支援だけでなく，職場定着のサポートも行っています。特に入社直後の時期には，支援機関の支援員が企業と障害者の橋渡し的な役割を担うことで，新しい環境に慣れる際の両者のストレス軽減を図ります。入社当初は，企業側よりも支援機関の支援者のほうが本人の障害特性や業務上必要な配慮などについて詳しいため，雇用側としてもそれを活かして，受け入れ態勢を整えることが得策と思われます。

　しかし，日々の業務を通じて実際に働く精神障害を持つ従業員の姿を見たり，業務の指示・伝達の過程で本人とのコミュニケーションの数を重ねていくと，現場の社員のなかに，より具体的で現実的な精神障害者像が作られていきます。そして，気が付けば一緒に働くうえでの本人の特徴については，支援機関の支援者よりも現場の社員が詳しくなっているものです。精神

障害者が長く働き続けている職場には，そのような本人の特性をよく理解している従業員がいる，という印象があります。特に，本人との業務上の関係が最も濃密な立場にある人が本人の特性を理解してくれていると，障害を持つ当事者の働きやすさはぐっと増します。このように，障害者の就労支援を専門とする人に代わって，その職場の従業員が当事者のサポートを自然に，かつ計画的に行うことを「ナチュラルサポート」と呼びます。

　例えば，精神障害者が就労する際，職場に求める配慮として多くみられるものに，「一度に指示する量は少なめにしてほしい」というものがあります。これは，さまざまな理由で多くの精神障害者にとって情報の統合や処理にかかる負荷が大きい，という事情から来ているものです。ところが，実際の業務にあたって，具体的にどうすればよいのか，どのくらいまでなら一度に伝えて大丈夫なのか，といった疑問については，現場で一緒に働きながら試行錯誤しつつ見つけていくしかありません。覚えにくさや理解に時間がかかることは，本人のやる気や姿勢の問題ではなく，障害特性に起因するものだということを理解したうえで，現場に即した方法を一緒に考え，工夫してくれる指導者の存在は，当事者の大きな安心につながります。

　場合によってはその役割を果たすのが，本人の上長や指導者ではなく，同僚ということもあります。同じ管理責任者の部下である同僚からのフォローやアドバイスというのが，非常に有効なことがあります。実際に，同じ業務を担当する従業員同士であれば，その業務における工夫について，具体的かつ実践的なアドバイスをもらえることが業務習得に役立ちます。また，

同僚自身が苦労した話などを聞くことで、うまくいかずに悩むのは自分だけではない、ということにも気づき、前向きに頑張る力になったりもします。仮に担当業務が違っていても、同じ部署の従業員からの仲間としての温かい声かけや励ましが、働くうえでの大きな力になります。

Ⅱ. 周囲の人の声かけが力になる

 精神障害者の離職理由に占める、対人関係におけるストレスの割合はとても高いものです。そのストレスをマネジメントできるように、彼らを入社前から支援してきた支援者は就職後もサポートを続けるのですが、長期の就労となると、やはり毎日一緒に過ごす職場の人たちから得られるサポートの力が欠かせません。精神障害を持つ人の多くは、これまでの人生において、さまざまな場面で対人関係がうまくいかなかった経験を持っています。そのため、自身のコミュニケーションスキルに自信が持てず、周囲から受け入れられているという安心感を持つことに憶病になっていることが多いです。したがって、精神障害を持つ人が入社した企業・職場に受け入れられていると感じ、帰属意識を持てるかどうかということが、長期の安定した職場定着に及ぼす影響はとても大きいです。周囲の人からの「頑張ってますね」「困ったことがあったら声をかけてくださいね」「〇〇さんのおかげで助かってます」などの些細な一言が、彼らのモチベーションを高めるのです。仕事に行き詰まったとき、ミスをして自信をなくしてしまったとき、環境面で負荷がかかっているときなどでも、「周りの人が励ましてくれるから、

もっと貢献できるように頑張ります」と言って，難局を乗り切っていくケースは珍しくありません。

　これらをもとに，精神障害者の雇用にとって，長期的に安定した就労を可能にするための職場におけるサポートのあり方について考えると，大切なことは精神障害者の障害特性に対する周囲の従業員の理解と，彼らを同じ職場の仲間として受け入れ，彼ら自身が受け入れられていると感じられること，と言えます。
　ここで改めて考えてみたいのは，これらは障害者雇用に限ったことなのかどうかです。確かに「障害特性の理解」というのは，障害者雇用に特有のことかもしれませんが，個々の従業員の能力や仕事の適性への理解という意味では，すべての従業員を雇用するうえで必要なことだと思います。子育て中の社員や家族の介護をしている社員など，働き方の多様化に対して柔軟な対応が求められている現在，さまざまな立場の人への理解を広げることがますます求められるようになります。もし，障害特性の理解に必要な専門的な部分について知りたいときは，支援機関を活用することも有効です。そして，実際の業務遂行におけるサポートは，社内に蓄積されてきたノウハウを活用していきましょう。特別な仕組みはなくても実現可能なはずです。
　もう一つ，会社や職場への帰属意識が大事だというのも，障害の有無にかかわらず，多くの従業員に共通していることではないでしょうか。自分の所属する部署があり，担当する仕事があり，役に立っていると感じ，受け入れられて必要とされていると感じることがモチベーションにつながる理由をことさら説

明する必要はないでしょう。本章の初めに述べた通り，障害者雇用だからと言って，彼らに専用の特別な制度や仕組みを用意することが重要なわけではありません。あくまでも，雇用した従業員の1人として，彼らがやりがいを持ち，会社に貢献し続けるために必要なことを一緒に考えていくことが重要だと思います。それは，働く障害者のためだけではなく，彼らを戦力として雇用する企業側のメリットでもあるはずです。

第8章 支援者を活用するには

支援者は必要か？ 必要ではないか？
―――リードではなくフォロー―――

澤田恭一
就労支援センターFLaT

- 様々な従業員がいる企業は，顧客の様々なニーズに応えられる企業になれる可能性があります。
- その会社で働きたいと思える職場環境を作ることに貢献できる人材を探すことが重要です。
- 必要な配慮をして，従業員全員が「区別なく」仕事をできるような職場環境を作ることが重要です。

Ⅰ．支援者がいない現場が理想

「支援者は必要なのか？」という問いに対しては様々な回答があると思いますが，最終的な結論は「支援者はいらない」ということが，精神障害を持つ従業員や企業，支援者に共通の見解と言えると思います。これは支援者の存在を否定しているわけではなく，障害を持つ人が働く現場の環境として，企業内外問わず支援者という立場の人がいない現場が理想の形であるという意味です。障害を持たない従業員には職場で見守り続ける人がいません。同様に，精神障害を持つ従業員に支援者が付いて，いつまでも現場に顔を出すのは不自然な状況であり，できるだけ早く現場から支援者がいなくなることを目標にします。

本人の生きる強さが高まっていくことを確認しながら徐々に身を引くのです。むしろ，支援者が身を引くことで本人の生きる強さが高まることもあります。つまり，支援者には，自身が精神障害を持つ従業員をリードしていくのではなく，フォローしていく立場であるということへの理解が求められます。

Ⅱ．支援のゴールのイメージを持つ

　筆者自身も就労後の支援を担当していたある人の定着支援で，ある企業に週に数回のペースで職場訪問をしていた際に，企業の雇用担当者から笑いながらですが，「また来たの？　来すぎじゃない？　いつまで来るの？」と指摘を受けたことがあります。さらに彼からは「現場に必要な知識や技術は現場で身につけてもらえるように上司や同僚が伝えていくから，それよりも体調や生活のこととか，不安や悩み，仕事の愚痴とか職場で相談しにくいこととか聞いてあげて」という言葉もかけられました。支援者は誰もがこのような体験を一度はするかもしれませんが，当時の筆者は支援者としてのゴールのイメージを持っていなかったのだと思います。

　支援者としてのゴールに対してのイメージとして，本人と企業の言葉を聞きながら，本人と企業の納得感を確認しながら，徐々に職場での支援を減らし，本人が困っている時に「困っている」，聞いてほしいことがある時に「聞いてほしいことがある」，手伝ってほしいことがある時に「手伝って」，助けてほしい時に「助けて」と言ってもらえるようになることが大切だと考えるようになりました。そのためには支援開始時から就労後

の関わり方における打ち合わせをしておくことと，素直な意見や気持ちを話し合える関係性づくりを積み重ねておくことが重要です。そして，手伝う，助言をするということを徐々に減らしていきながら，「支え」という存在になっていくのです。「支え」とは，常に行動や言葉で示すだけではなく，密に行動を共にしなくなったり，あまり話さなくなったり，しばらく会わない状況になったとしても，いつでも声をかけやすく何でも話しやすい人として機嫌よく生きながらそこに存在していることが大切なのではないかと感じています。すなわち，精神障害を持った従業員にとって支援者は常に必要な存在ではなく，その支援のタイミングがより重要ということになります。

Ⅲ．企業にとっての相談相手

　支援者は企業に対しても，必要に応じていつでも相談しやすい相手として存在している必要性も感じてきました。障害を持つ従業員や，企業の状況に応じて，メール，電話，面談を使い分けながら相談に応じています。人事は複雑な人間関係が絡む場合もありますので，企業内では，時に内部での人間関係よりも外部での関係性のほうが話しやすいこともあるようです。企業と支援者がそのようなやりとりをできるような関係づくりと打ち合わせを初期の職場訪問時に行っておくことが重要だと考えています。企業には，障害を持った従業員の職場定着は，支援機関を頼り過ぎず，企業の責任において会社の中で行っていくべきという考えを持ちつつも，何か困った時に相談できる支援者を見つけておくことも重要と思われます。

第 8 章 支援者を活用するには

支援者とのかかわり方

小野彩香
認定 NPO 法人 Switch

- 企業は，精神障害を持つ人の円滑な就労とその継続のために，支援者とサポート・チームを組むことができます。
- 支援者には，できること（例：企業と精神障害を持つ人の間のコミュニケーションの促進など）と，できないこと（例：労働契約の説明や手続きの代行など）があります。

支援者の立場

　支援者の立場とは，「中立」が模範解答です。しかし，支援機関のなかにも定着支援の経験が浅い機関もあり，また支援機関によって動ける範囲も差があるというのが現状です。そのため，企業側から見て支援機関によってかかわり方が違うこともあり，どこまでお願いできるのか等がわかりづらいのです。この項では，これから障害者雇用を始める企業に，支援機関に対する戸惑いがなるべく少なくなるように予備知識をお伝えし，どのように支援機関と付き合っていくと障害者雇用がうまくい

くのかをお伝えします。

　まず，雇用関係を結んだ時点で，雇用に関する責任や企業が従業員に保障する法律も同様に適用されます。雇用した人の人材育成という視点では，障害者雇用も同じです。まず，企業の管理下に置かれている状況に対して，外部の人間である支援者があれこれできない現状があります。

　企業のなかには，支援機関に対して，働ける人材に育てる責任があるのではないかという気持ちを持つ人もいるでしょう。これは，知的障害者が多く通う特別支援学校の就職訓練（職場実習）の影響も大きいと思われます。18歳からの知的障害者の就労を考えたときに，高校1年生から将来を目標に学校が教育・訓練の機会を与えることはとても大切なことです。企業の中には，毎年定期的にくる支援学校の生徒さんのイメージから，学校（支援機関）は実習に向け，また将来の就職に備え，少しでも課題を達成できるような教育・訓練を提供すべきだと考える人も多いのです。そこから，送り出す責任と，支援機関の責任を混同している人もいます。

　しかし，精神障害者の場合は少し違います。精神障害は，精神疾患の発症がもとになっていて，生まれながら持っているものではありません。彼らは，企業で働く健康な人とほとんど変わらない学歴やキャリアを重ねている人も多く，いろいろな人がいて，人生の背景や経験の幅が広いのです。そのような精神障害者は，就労までの手順も人それぞれであり，就労訓練を受ける人もいれば受けない人もいます。したがって，支援機関を利用する精神障害者の経歴も本当にさまざまであるため，個別対応をする支援者の立場は中立とはいっても，支援する内容は

個人差が大きいのです。

　以下に，具体的な支援機関とのつながり方の例を挙げます。

I．支援機関を利用していない人

　精神障害を持つ求職者から，「支援機関を利用していない」「就労後の相談にのってくれる機関はない」と言われたら，企業から直接，支援機関先を作るように本人に求め，一度企業担当者と支援機関先で挨拶だけでもかわすことをお奨めします。何か問題が起こってから新しい関係を作るのは両者にとって負担が大きく，また問題の早期解決が遅れます。具体的な問題が発生していないときこそ，リスクを想定しチームを整えておくことが望ましいのです。

　「支援機関がわからない」という場合は，ハローワークや役所に聞けば地域で就労定着相談を受ける機関を教えてくれるので，そのように本人に助言することもできます。本人がその機関へ一度出向いて登録等の作業は必要ですが，精神障害者にとって就労というよい変化であっても，ストレス要因になることも多く，病状悪化の可能性もあるからです。

　精神障害者のなかには，支援機関は自分には必要ないと考えている人もいます。本人が自分に必要ないと考えていること自体は否定することではありませんが，精神疾患の特性を考えると，チームで役割分担をしながら支えるほうが効果的である場合が多く見受けられます。支援機関が継続支援の必要性を本人に相談しても受け入れない人もいるため，企業側が望んでいることを本人に伝え，支援機関につながるよう依頼することもで

きます。実際に，必要性を感じずにつながった事例でも，結果的には本人は支援機関にあらゆる相談をするようになることが多いです。具体的なかかわり方は，チームで相談して決めていけばよいので，まずはチームを作ることが大切な点です。

Ⅱ．支援機関をすでに利用している人

　精神障害を持つ求職者が通所型の支援機関に通い，就職した場合は，まずはその通所型の支援機関が継続支援先になります。就職時に，本人から紹介されることもありますが，そうでない場合は企業側から「就労支援先の助言も受けたいので，一度連絡が欲しい」と本人へ伝えれば，支援先から企業担当者へ連絡が入るでしょう。

　通所型の支援機関に通っていたのであれば，個人差はあれ就労の直近1年間程度を知るために，支援機関は貴重な存在です。そこに通い慣れるまでの経過，得意・不得意なども把握していることが多く，企業就労の初期段階や継続にも活かされるため，ぜひ活用してほしいと思います。本人の通所先（就労移行支援事業所や就労継続支援A型事業所など）が閉鎖されている場合などは，ハローワークの専門援助部門や，地域に必ずある「障害者就業・生活支援センター」に相談できます。

　雇用の責任は企業に発生しますが，チームでサポートすることができるため，まずはチーム作りから始めるとよいでしょう。この点は，支援機関が積極的に企業へ実施すべき点ですが，もし本人から支援機関が挙がらない場合は，企業から積極的にチーム作りの声掛けをすると，スムーズに動くことが多いです。

支援者ができること，できないこと

　支援者ができることと，できないことについては，基本は「中立的立場」の考え方に基づきます。できることは，企業への作業設定に関する助言やコミュニケーションへの助言，仲介，時には翻訳機能（企業側が本人に伝えたいこと，本人が企業に伝えたいことを代弁する），本人の全体的な状況把握，病院，家族など，他のサポート先との連絡調整などがあります。

　支援機関によっては，ジョブコーチの稼働体制があるか等により，動ける範囲は違います。できない支援機関には，他の支援機関を増やして対応するなどの手段もあるため，企業側は支援機関に依頼したいことを素直に相談するとよいでしょう。

　以下に，できることと，できないことで多い例を具体的に挙げます。

I．できることで相談の多い例

　ある企業に雇用されたAさん。ひと通り仕事のやり方を教え，慣れてきたら独自のやり方でやってしまい，周囲がやり直すことがありました。大きなミスでもないため，現場では優しく指摘し，本人も「はい」と返事はするものの，またミスが繰り返されました。現場よりチーフに相談があがり，支援機関に連絡がありました。

　支援機関より，言い方なども含め関係者全員が同席の場で伝

えることを提案し，再度工程整理し，わかりやすく紙に書いたりして，修正できました。その後は，何かあったときに同じように対応し，本人とのコミュニケーションも取れています。

　【ポイント】現場では，小さなミスは大事にせずに，互いにフォローしています。しかし，それが続くと，実は大きな不満になることがあります。特に，横の関係では「何度言っても」とか，「自分が言ったことをきちんと聞いているのかな」など，感情が独り歩きしてしまい，信頼関係にも影響が出てきます。
　「配慮はするけど，遠慮はしない」，これが障害者雇用でも基本的な態度になりますが，実際に企業側が何でも本人に言えるかというと，そうではありません。特に修正や指摘に関しては，気を遣っていることが窺えます。「もし私が言ったことで具合が悪くなったらどうしよう」，時には「私が言うことで恨みを買うことはないのか……。住んでいる場所も知られているし，不安」など，精神障害への正しい理解がないなかであげられる不安も出てきます。
　精神障害者の中には真面目に仕事に取り組む分，視野が狭い部分があり，情報量が多い状況に対応することが難しい人もいます。そこで大切なのは「対話」ですが，問題解決のための対話は，時間がたてばたつほど温度差ができ，言い出す側が気にしてしまいます。しかし，その小さなずれが大きなずれに発展しないためにも，早い段階で真意を伝え，行動修正を理解し，共に正しい作業ができるよう協力し合う体制を作ることが大切です。支援機関では，実はこのような小さな段階での対話を通して，互いの理解が深まると考えています。小さなピンチは大

きなチャンスであり，障害特性や対応を具体的に説明できる機会，互いの本音が聴ける機会になるのです。ぜひ，一緒に考え，対応する場面に支援機関も呼んでほしいと思います。

Ⅱ. できないことで多い相談例

契約内容や就業規則に関することを，会社の代わりに本人に説明・理解，そして納得させることはできません。

地元企業に採用になったAさんの事例を紹介します。Aさんは，労働契約書もなかなか提示されず，細かな就業規則や契約内容が把握できませんでした。本人が不安になり，支援機関に相談に来ましたが，「すでに数回企業へ話したが対応がない」ということでした。会社に対する不信感も少し出始めていたため，コミュニケーションの溝をつくらないためにも支援者が仲介することになりました。

支援機関から企業担当者へ確認すると，Aさんが不安になるような内容はないことがわかりました。企業担当者より，「きちんと時間を取って話さないといけないと思うものの，その時間が取れないので，支援機関より労働条件説明や同意を取っておいてほしい」と言われました。

【ポイント】労働契約説明や手続きは，当然ながら支援機関が代行することができません。もし，理解度に不安があるようであれば，その場に支援者の同席を求め，不明点が早めに解消できるような体制を整えてほしいと思います。精神障害者は，最初は緊張も高く，細かいことが気になったり，教えないと気

づけない人も多くいます。そのため，雇用条件や会社の就業ルールは明確に示されるほうが安心します。条件等に関することは，最初のほうが確認しやすく，誤解も生まれにくいため，コミュニケーションの取り始めと考え，取り組んでほしいと思います。

　また，契約に関することでいえば，契約を終了する判断も支援者にはできません。正社員雇用が少ない障害者雇用に関しては，有期契約採用が多く，このような相談も多いのです。雇用する側にいる人は，「そんなの当たり前」と思うかもしれませんが，実際は多い相談です。そのような場面で支援機関ができることは，企業の苦労の傾聴と共に，あくまで一般論の提示や今後の負担が少なくなる継続方法の模索，助言等になります。また，いきなり契約終了では本人も混乱するので，問題が難しくなる前から支援機関に相談してもらえると，本人にとっても大変助かるでしょう。

就労後の継続支援

　就労後の支援機関による継続支援は，あったほうがよいと考えます。継続支援期間が長くなると，支援機関から企業への連絡は少なくなります。これは，継続できる＝精神障害を持つ従業員と企業との2者でうまくやっていける関係ができている，と考えるからです。

　しかし，実際は，人事の変化，生活環境面の変化，数年就労を継続しての心境の変化などがあり，それらはストレス要因となることもあるため，細く長くかかわれる関係になることがとても大切です。

　定着に力を入れている私たちの支援機関では，卒業生を対象としたOB会を月1回程度実施しています。そこには，就職したての人から，就労継続5年以上の人も来ます。その集まりで簡単な状況把握ができ，企業介入をしたほうがよいのかどうか，簡単なアセスメントの場所にもなっています。

　また，本人を雇用しながら，他の実習生（精神障害者）を受け入れる企業も多くあります。そうすると，間接的に本人の様子も見ることができ，現場の従業員とのちょっとした雑談から，互いの期待値が合致しているか，うまくいっているかなどが把握できるのです。

　厚生労働省の方針で，平成30年より就労継続支援に対する新しい福祉サービス（就労定着支援）ができます。現段階（2018年1月現在）では詳細は発表されていませんが，概要と

しては，就労開始から3年間は企業と本人への継続支援を実施する方針でまとまりつつあるようです。よって，支援機関から本人，特に企業への主体的なコンタクトは必須になると思われます。大切なのは，誰かがリスクをキャッチしたときに，連絡を取り合うハードルを低くすることです。

継続支援の段階で課題となる事項について，例を挙げます。

I．就労後1年間でよくある課題

就労中の精神障害者の場合，症状は落ち着いてはいるものの，季節的な変化の影響がある人はめずらしくありません。また，新しい職場に慣れたなと思う感覚も，障害がない人と比べると2〜3倍は時間がかかると思うぐらいの感覚を持っておくのがよいかもしれません。ゆっくり慣れていけると適応率も高いため，最初の1年は，覚える，慣れることがメインになることが多いです。したがって，この感覚が他の従業員とずれることによる課題が，1年目には多く上がります。「もう3ヵ月たったのだから」「そろそろ残業も……」「違う人の作業も手伝ってもらえると」「もう少し早く……」など，障害のない人の感覚で考えると時期的に当然なことが，精神障害のある人の姿には体現されていないことがあり，不満が出てくるという課題です。

この点は，支援機関の支援効果が高い部分なので，ぜひ活用してほしいです。具体的には，企業が求めているものが変化する速さと本人の感覚にずれがあることにより，発生する課題です。この対応法としては，コミュニケーションを率直に取り合

うことで，具体的な目標設定を行います。精神障害のある人も，この3ヵ月は何を頑張ればよいのかがわかったほうが，とても安心して仕事に取り組めます。もちろんその逆もあり，会社が望んでいないのに，どんどん仕事を増やして頑張りすぎる人も多くいます。そのようなときは，本人の意欲を理解し，少しだけ仕事の範囲を増やすことが大切ですが，まずは確実に，そして見通しを具体的に提示する（例：半年先・1年先にはここまでできるようになっていてくれると助かる）ことで，意欲を削ぐことなく，目の前のことに安心して取り組むことができます。

Ⅱ．就労後1年以上でよくある課題

これは，ずばりキャリアアップです。障害者雇用の人が落ち着いて仕事をしてくれていると，その仕事だけをやっていてくれればよいと考える企業も多いです。しかし精神障害者は，障害を負ったことにより，まずは小さなステップから仕事を始めたいという人が多いのです。そして，自信がついてくればもっと働きたいと思っている人も多いのです。働く充実感は人生を充実させます。障害のない人と変わらず，精神障害者も自分の力を試したい，人の役に立ちたい，自分も挑戦しながら仕事をしたいという気持ちは持っています。数年たっても，業務範囲も変わらず，賃金も変わらずという環境に，自信をなくしたり，もっと働けるのではないかと挑戦したくなる気持ちを抑えることはできません。本人にその思いが出ることは，企業と本人との関係がうまくいった結果ですが，このハードルが越えら

れずに，結果として転職を決断する人も多いのが事実です。

　就労から1年以上，特に2年目以上の人は，本人も慣れてきたなかで，どう意欲を持って仕事に臨むかという視点が就労継続には欠かせません。賃金も同じ考えです（第7章参照）。長く雇用することを考えるときに，賃金とそれに見合った仕事内容のキャリアアップの可能性を検討することは，これからの精神障害者の雇用には不可欠です。

第8章 支援者を活用するには

支援者と支援機関を活用する具体的な方法

芳賀大輔
ワンモア豊中

- 支援者の活用方法は,「採用前」「採用面接」「就労の開始直後」「就労の継続期」で異なります。
- 精神障害者の就労をサポートする支援機関は種類も特徴も異なるので,企業は連携する相手を選ぶ必要があります。

ステージ別の支援者を活用する方法

前提として,支援者は就職した精神障害者に「長く勤めてほしい」「企業のなかで戦力として役立ってほしい」と思っています。そのため,企業側ともうまく連携を取りたいと思っています。すべての支援者というわけではないのかもしれませんが,少なくとも我々のまわりで支援をしている支援者はそのような意気込みで就労支援を行っています。

では,実際に「採用前の実習」「採用面接」「仕事を始めてすぐ」「仕事を続けるために」に分けて,それぞれの場面における支援者の活用方法を示していきます。

Ⅰ. 採用前の実習

　採用前は，まず精神障害を持つ求職者がどれだけ仕事ができるかに目が向くと思います。企業側は支援者を活用して，職場から自宅に帰ってからの様子や休みの日の様子，仕事をやってみてどうだったかを，本人からだけでなく，支援者からも情報を集めることで全体像がつかめます。特に精神障害者は，傍から見ると言語交流が問題なくでき，作業能力が高いために，しっかりしているように見えることもあるのですが，ちょっとしたことで落ち込んでいたり，わからないことを自分から質問できずに苦労していたり，会社の他の従業員と交流を持てないことを必要以上に気にしていることもあります。

Ⅱ. 採用面接

　採用面接では，精神障害を持つ求職者が企業の雰囲気や条件に合うかどうかが最も重要です。企業側は，そのときもぜひ支援者を活用してください。具体的には，実際に働きたいと思っている人と支援者の距離感，仕事をするうえで必要な支援者からの情報提供，就職後のサポート体制などが重要になってくるため，確認が必要です。就職しようとしている人のことを支援者がどれくらい理解しているかは重要になってきます。特に精神障害者では具体的な症状を支援者が把握していると，企業側が症状のことや病気を理解するために必要な情報を提供してくれることも期待できます。就労支援の現場では，精神科のことをあまり理解せずに就労支援をしている事業所や支援者もいる

ため，企業側は支援者の活用だけでなく，その選別も必要かもしれません。

Ⅲ．仕事を始めてすぐ

　仕事を始めたばかりの頃は，イメージしていることと違う，面接と様子が違うなど，さまざまな問題が一番出やすい時期でもあります。そのとき，企業側は支援者を活用することも有効です。具体的には，仕事の進め方，効率的な方法，指示の出し方など，訓練時の様子を支援者から聞き取り，参考にしてもらえればよいかと思います。また，精神障害の特徴として，休憩をうまく取れない，周りとのコミュニケーションがうまくできない，ちょっとした出来事をマイナスにとらえるなどの特徴もあり，支援者を活用して精神障害を持つ従業員とスムーズにコミュニケーションをとれるようにすることも1つの方法です。仕事を始めたばかりの頃の精神障害を持つ従業員は過剰に緊張していることもあるので，最初は支援者も一緒につきそって仕事をしてもらうことで緊張が早く収まり，仕事にスムーズに慣れることもあります。ただし，支援者がいなくても働けるように当事者と企業の双方をサポートすることが支援者に求められています。すなわち，支援者は「永遠の存在」ではないかもしれません。そのため，企業側で気になったことや確認したいことは，この時期に支援者に積極的に聞いてほしいと思います。「こんなこと聞いていいのかな？」とは考えず，気になっていることをその都度解決すれば，後から大きな問題になることが少ないと思っています。

Ⅳ. 仕事を続けるために

　仕事を続けるためには，個人の努力，会社の協力，支援者のサポートが重要で，これがうまくいっているときに最も安定すると思われます。特に精神障害は目に見えにくい障害のため，実際より障害を軽く判断したり，逆に重く判断されることもあります。また，精神障害に対して悪いイメージを持っているために本人を過剰に避ける対応や過保護すぎる対応になってしまうことで，本人も居心地の悪さから仕事を辞めてしまうこともあるので，適度な距離を保つことが重要です。そのほどよい距離についても，支援者と打ち合わせをしておくことでスムーズに仕事を始められると思います。

　仕事を続けるためにもう1つ大事な点は，仕事をしている時間だけでなく，休憩時間をどのように過ごすかが重要になってきます。仕事中はすることが決まっており，それを進めていくことで時間が過ぎていきますが，休憩時間は自分で時間管理をする必要があります。問題なく休憩できて仕事に取り組むことができる人ももちろんいますが，なかには休憩中もずっと緊張状態でうまく休憩できない人もいます。そのような人には，どのように休憩時間を過ごせばよいか，休憩時間はいつまでかなどを具体的に説明すると解決することもあります。

　このように，面接の時期から仕事を続ける場面まで，支援者の役割は少しずつ変化していきますが，どの場面においても企業側は支援者を活用することが可能です。上手に支援者の協力を得ながら，精神障害者の雇用が進むことを願っています。

支援機関

　障害者を支援する機関は多数存在しますので，どの機関と連携を取ればよいのか，企業側は悩むことが多いと思われます。ここでは，代表的な機関とその役割について述べます。

Ⅰ. 病院・クリニック

　病院・クリニックは，多くの精神障害者が継続的に通院をしている場所です。病院・クリニック内の精神科デイケアなどで就労支援をしていることもあります。これらの機関での支援では，同じ敷地内に主治医がいることが多いので，主治医との連携や情報を得やすい部分があります。薬や症状に関する細かい相談や報告がしやすいことが最大のメリットです。しかし，病院などでは異動があるため，支援者が変わってしまうというデメリットになることもあります。また，病院によって異なりますが病院外（企業内）での支援において時間や日程の制限がかかることがあり，タイムリーな支援ができないこともあります。

Ⅱ. 地域障害者職業センター

　地域障害者職業センターは，公共職業安定所との密接な連携のもと，障害者に対する専門的な職業リハビリテーションを提

供する施設として，全国47都道府県に設置されています。職業準備支援や定着支援，ジョブコーチ支援，復職を目指す人のリワーク支援などの事業を行っており，障害者一人ひとりのニーズに応じて，職業評価，職業指導，職業準備訓練及び職場適応援助等の各種の職業リハビリテーションを実施するとともに，企業に対して，雇用管理上の課題を分析し，雇用管理に関する専門的な助言やその他の支援を実施しています。

　障害者雇用の多岐にわたる事業を限られた職員数で行っているため，他の支援機関と連携して支援していることが多いです。

　・地域障害者職業センターの概要
　http://www.mhlw.go.jp/file/06-Seisakujouhou-11600000-Shokugyouanteikyoku/0000126375.pdf

Ⅲ. 障害者就業・生活支援センター

　障害者就業・生活支援センターは全国にあり，各都道府県にも複数存在します。業務の内容としては，就業及びそれに伴う日常生活上の支援を必要とする障害者に対し，窓口での相談や職場・家庭訪問等を実施しています。就業に関する相談支援，就職に向けた準備支援や就職活動の支援，職場定着に向けた支援，障害を持つ人それぞれの障害特性を踏まえた雇用管理についての企業に対する助言などを行っています。生活面での支援は，日常生活・地域生活に関する助言や生活習慣の形成，健康管理，金銭管理等の日常生活の自己管理に関する助言，住居，年金，余暇活動などの地域生活や生活設計に関する助言などを

行っています。

・障害者就業・生活支援センターの業務内容
http://www.mhlw.go.jp/file/06-Seisakujouhou-11600000-Shokugyouanteikyoku/0000146182.pdf

　このように就業サポートと生活のサポートの両方を行っている機関であり，地域にはなくてはならない存在です。地域差はあるものの，相談件数や支援件数が多く，限られたスタッフ数では支援が行き届かない場合もあります。

Ⅳ．就労移行支援事業所

　就労移行支援事業所は，企業などへの就職を目指す障害を持つ人が一定期間（2年間）訓練・支援を受ける事業所になっています。国民健康保険団体連合会の平成27年2月のデータによると，全国の2,952ヵ所で実施しています。実施事業所によって，身体，精神，知的のどの障害を主な対象にしているかが変わってきます。また，支援者になるまでの経験も人それぞれであり，企業勤務経験者や福祉職経験者など，さまざまな人がいるのが特徴です。少なくとも精神障害者を受け入れる事業所では，精神障害者の対応経験がある支援者がいることが求められています。精神障害は，病状の変化やストレスなど目に見えにくい部分があるため，支援者にはそのようなことを理解するだけの知識と経験があることが望ましいと思われます。企業側が支援者を活用する場合は，ぜひそのような経験があるスタッフを活用してほしいと思います。また，訓練・支援内容も施設によってさまざまであり，単にパソコンの練習や内職作業など

の画一的な作業訓練を主として行っている事業所もあれば，ストレスや病気の理解を高め，しんどい状態になりにくい考え方を身につけるなど，精神障害に特化したプログラムを行っている事業所もあります。企業側もどのような事業所が当事者の個別ニーズにそった支援をしているかを精査する必要があります。

今回，紹介できていない支援機関や事業もまだまだありますし，これからの時代に合わせて新たな支援機関や事業ができる可能性もあります。重要なことは，支援機関や事業種別ではなく，利用者と企業のニーズに合った支援をその支援機関が提供しているかです。例えば，画一的なパソコン練習を利用者に課す事業所でも，データ入力会社にとっては有用かもしれません。支援者が企業を訪問して社内の様子を知るのと同様に，企業側も支援機関を訪問することでその支援機関の様子やサービスの質を知ることができ，連携する相手としてふさわしいかを選ぶことができます。

平成30年度からは就労定着支援事業所が設置される予定になっています。生活面のサポートはこの事業所でも実施される予定になっており，事業の詳細や業務のすみわけは今後決定されていく予定です。

COLUMN 5

精神障害者の雇用における支援者活用について

藤岡文子

精神障害者雇用に対する企業現場での戸惑いや不安を解消するために，一般企業（社名は匿名とさせていただきます）で障害者雇用にかかわる立場から支援者活用に関する事例を紹介したいと思います。

●支援機関との連携・職場体験実習の活用

ハローワーク，人材紹介会社等を通して採用するケースが一般的ではありますが，企業側としては面接だけで合否判断をすることは非常に難しいケースが多いと考えられます。そこでお勧めしたいのが，就労移行支援機関から職場体験実習として実習生を受け入れることで，企業側としては，本人の就労準備（毎日通勤できるか，病状が安定しているかなど）がどの程度の段階か，職場における一般的なマナーを習得できているか，どのような適性があるかを把握することができます。

一方，精神障害者にとっては，職場に馴染めそうか，就労経験がある場合は今までのキャリアを活かせるか，または新たな業務として意欲を持って取り組めそうかといったことを体感するよい機会となります。採用を検討するうえでも，大切な情報となります。

支援機関に関しても，精神障害（特に疾患）に特化した就労支援機関（医療との連携がある，医療従事の経験があるスタッフがいるなど），また精神障害のなかでも発達障害に特化した就労支援機関，若しくは自閉

第 8 章　支援者を活用するには　157

傾向や知的障害者の支援を得意とする就労支援機関など，かなり多岐にわたっています。事前に支援機関との連携を取ることで，各支援機関の支援内容や採用後どのような支援を受けられるかについても確認をすることもでき，この段階で支援者との信頼関係を築くことで，就労後の支援体制がスムースに構築できるという利点もあります。

●採用面接時の支援者同席

　可能な限り支援者に同席してもらうことで，精神障害を持つ求職者も安心して面接に臨むことができ，面接官からの質問にも答えやすい雰囲気となり，より具体的にヒアリングができる可能性が高くなります。本人からの説明が難しい内容については，本人に承諾を得たうえで客観的な立場で支援者に説明をお願いするケースもあります。安定して就労できる条件の一つとして医師との信頼関係も重要になりますので，支援者が通院同行しているケースの場合はそのあたりの確認もしておくと安心です。

●採用後の雇用管理について

　配属先従業員は通常業務と兼務しながら，精神障害を持つ従業員の業務管理，指導・教育以外にも体調（感情面も含む）管理，定期的な面談によるフォローなどを行い，業務範囲は多岐にわたります。精神障害を持つ従業員への合理的配慮と同様に，配属先従業員への負担軽減やフォローも障害者雇用においては大切なファクターとなります。

　精神障害を持つ従業員の好不調の波については，業務上に起因するのか，家庭や生活面などプライベートに起因するのかがわかりにくいケースもよくあります。そのような場合は配属先従業員のみで解決するのは難しいため，支援者と当事者のフォロー面談の機会を設けてもらい，最近の様子や不調の原因について時間をかけてヒアリングしてもらうことをお勧めしています。原因が業務上の場合は，具体的にどのような職場への不安があるのかをフィードバックしてもらい，社内で具体的に解決策を検討し，精神障害を持つ

従業員も交えた三者で面談を実施し，今後についての話し合いを進めていきます。

どのようにきめ細かく対応していても，季節や原因不明のストレスなどにより好不調の振り幅が大きくなることがあり，メンタル面のフォローが必要となります。そのような場合に備えて，専門性の高い支援者や医療従事者経験のある支援者がいる支援機関との連携をとっておくことをお勧めします。最近では，企業向け（訪問型，配属先従業員へのサポートを含む）などの各種サービスを展開している精神疾患に特化した支援機関もありますので，雇用管理の一環として事前に検討されてもよいと思います。

日頃の業務を行うなかでは，精神障害を持つ従業員と他の従業員の双方において伝えにくいこともあり，なかなか本音が見えず適切なコミュニケーションが取れないケースもあります。そのような場合，支援者を介することで不調の前兆をキャッチしたり，双方の思い違いを解くことで意図がスムースに伝わるケースもあります。

第9章 実際の雇用・支援：支援者から見た事例

【Aさんの場合】
会社側のサポートがよいケース

佐藤江美

慈雲堂病院 デイケア室

> 本章では，企業と精神障害者の双方を支援し，実績のある就労支援機関の支援員から，これまでの精神障害者雇用の事例を紹介します。精神障害者がどのように求職活動をするのか，そしてどのような過程で就労を継続しているのかについて，時系列で把握することができます。
> 本章で紹介する事例の中には，「実際の雇用と支援の例を示す」という趣旨を果たせるように考慮しつつ，個人が特定されないように複数の人物の情報を複合させたり，一部変更している事例があります。

I．就労前の情報と関わり

　Aさんは30代男性。もとから就労の希望があり，当時通院していた近医の主治医からは作業所からのステップアップを紹介されました。しかし，本人の希望は「一般就労」であったため，当院へ転医し，作業所や就労継続支援A型事業所やB型事業所ではなく，一般就労を目指すこととなりました。

　Aさんは，平成X年12月に近医からの紹介で就労目的のため当院精神科デイケア（以下，デイケア）の通所を開始しまし

た。Aさんは当初より，「生活保護から自立したい」「親に迷惑をかけたくない」という想いがありました。病名は「うつ病型統合失調感情障害」です。主症状は週2日程度のペースで倦怠感が強くなり，布団から出られなくなるほどになりました。その症状については，朝に症状が出ていても昼くらいには緩和されますが，基本的には体のだるさは続いています。気分の浮き沈みや軽度の被害妄想と幻聴があり，さらに睡眠を規則的にとることが難しく，特に決まった時間に起きることや朝の倦怠感が強く出ます。服薬により緊急的な生活への支障はほとんど出ていません。

　当院デイケア登録後は就労支援プログラムに参加し，朝の不調からデイケアを欠席することも度々ありましたが，基本的には週3日のペースで通所していました。自身の症状や状態についてはあまり自発的な発信はなく，スタッフが声かけを行うことで引き出すような関わりでした。職歴はアルバイト経験のみ。プライベートでは空手を習っており，大会などにも参加していました。

Ⅱ. 就職活動の過程と面接

　平成X+1年の4月から，Aさんは本格的に疾病管理，自己理解，ビジネスマナー，企業研究・プレゼンテーション，PCスキル訓練，ハローワーク見学・利用，企業見学，模擬面接などのプログラムに参加するようになりました。

　5月から少しずつ履歴書や職務経歴書，自己PR文を作成し始め，ハローワークへの登録を行いました。その後，障害者合

同面接会に参加したり，スタッフと共にハローワークへ訪問して求人検索を行っていました。

デイケア参加を通じて，他のメンバーとの関わりから自己の役割意識をもつようになり，他のメンバーなどからも頼られる存在となっていました。また，この頃から，デイケア以外でも月に1回程度，他のメンバー数人とご飯を食べに行くなどの集まりにも参加するようになっていました。

8月に見つけた求人票にデイケアスタッフとも相談の上で応募し，9月に内定が出て，10月からの勤務開始が決まりました。この間も朝の不調は続いており，生活リズムが確立していたとは言えない状況ではありましたが，デイケアへ通所するようになってからの成長度合いや，Aさんの夢や希望への一歩として，就労開始に向けて動いていくこととなりました。

Ⅲ．職場環境と配慮事項

1. 職場の環境

Aさんの勤務する職場内の雰囲気は自由な社風であり，障害に対して身構えない印象がありました。昼食以外の時間の使い方や休憩の取り方については比較的個人の裁量に任されていました。採用時の担当者の障害に対する理解については，支援者が症状・障害などについて噛み砕いて伝えることで理解を得られる状況でした。Aさんの業務内容はIT企業の事務補助で，主にインターネット上のポップや広告をチェックしたり作成する仕事でした。

2. 面接〜採用前に伝えたこと

面接時にデイケアスタッフが同行し，基本的にはAさんに受け答えをしてもらい，必要に応じてデイケアスタッフから職場定着に向けた配慮事項等を伝えました。配慮点としては，職業的なブランクが長くなってきているので時間短縮勤務から開始させてほしいこと，自分からの自身の体調に関する発信を苦手としているため，気にかけてほしいことを伝え，①就業時間を通常勤務よりも1時間短縮した勤務，②週4日間の勤務，③隔週に1度，勤務時間内に企業内担当者との面談の時間を設けることとなりました。

企業内での障害者雇用が初めてとのことであったため，デイケアスタッフによる職場へのフォローアップや本人への継続支援もさせてもらいたい旨を伝え，了承を得ました。

Ⅳ．就労後の状況と支援

1. 支援の概要

入社後3ヵ月程度，Aさんとデイケア内で面談を行ったり電話連絡を行い，さらに週1回の企業内担当者との電話連絡，月1回の職場訪問を実施し，本人の出勤状況や様子について情報共有をしたり，問題解決に向けて話し合いを行いました。

入社後3ヵ月〜1年半頃までは3ヵ月に1度職場訪問を実施しており，適宜企業内担当者との電話連絡と，Aさんとは月に1度デイケア内で面談を行っていました。Aさんのデイケア来所頻度は職場定着の状況を見て減らしていき，現在は半年に1度程度の来所時の面談を行っています。

当初より，デイケア来所時の面談は実施しており，その際に挙がった問題点などについてはできるだけAさん本人の口から職場の人へ伝えるようにし，支援機関からは援護するような介入を行うことで，できるだけ職場と本人との関係構築ができるような関わりを行いました。

その結果，徐々にAさんへのサポート体制を社内サポートへ移行していくことができ，現在デイケアで行っているサポートは前述の通り半年に1度程度のデイケア来所時の面談のみとなっています。また，服薬についても自発的に主治医に相談し，調整をすることができるようになりました。

2. 具体的な経過と支援

入社してからの最初の3ヵ月間，Aさんは実務に向けた基本知識を身につけるトレーニング期間として研修を受け，3ヵ月後からは実務を開始しました。その際に，困ったことがあればすぐに対処できるよう，企業内でサポート担当者をつけてもらい，席もAさんのとなりに配置してくれました。

初期のころは休憩の取り方がわからず，トイレで隠れて休憩を取ることもありましたが，デイケアへの来所時に相談を受け，その後，職場訪問の際に職場の人と直接話すことで，安心して休憩が取れるようになりました。

就労して約1年ほどは，朝の辛さは継続しており，業務時間中に眠そうな様子が見られるも遅刻・欠勤等はなく，企業内担当者からも「健常者と遜色なく働けている」との評価を得られていましたが，休日の過ごし方については疲労から1日中横になって過ごしていたり，症状である不安感が強くなっているこ

ともありました。

　就労から1年が経とうとしていた頃，企業内担当者から，業務面に問題はないがAさんの休みが少し増えてきていると報告がありました。その後，職場訪問を実施し，「休んでいることへの罪悪感で仕事に行きづらくなってしまう」というAさんが抱えている問題に対して，「午後からの出勤でもいいので出社する習慣を保ってほしい」と企業内担当者からAさんへ伝えられました。また，プライベートでの空手の大会に向けた準備や稽古などの負担増の影響も考えられたため，しっかりと休息をとるように伝え，様子を見ることとなりました。さらに，自身の不調や心配事について企業内担当者へうまく発信することができていなかったこともあり，改めて自身の状況をデイケアスタッフ立会いのもとで報告してもらい，以降はできるだけ本人の口から企業内担当者へ伝えるように促しました。

　1年3ヵ月が経過したころの職場訪問では，職場で他の従業員が電話応対をしていると「自分のことを話しているのではないか」との被害感を持つようになっていましたが，現実との区別はできており，原因についてAさんと考えたところ「出社できていない罪悪感かもしれない」とのことであったため，改めて企業内担当者から遅刻・早退をしてもよいので出社し，自信をつけていくように促してもらいました。また，このときもなかなか自身の不調について企業内担当者に伝えることができていませんでした。その理由については「職場の人に症状のことを言ってもわからないのではないか」とのことでしたが，職場の人がAさんの状態を把握していることによる自身が得られる安心感や，職場の人が感じる心配の軽減になることを伝

え，再度本人からの発信をしてもらうように促しました。

また，この頃より，企業側の配慮で隔週に行っていた企業内担当者との面談を週に1度の頻度に増やすことができ，少ない時間であってもAさんと近況の共有が可能となり，特に変化がない週であっても面談を行っています。このことは，Aさんと企業内担当者との関係性をより密にし，少しの変化に気づけたり，本人も伝えることをためらっている内容の話でも伝えやすくなったと感じています。

仕事内容については，Aさんと企業内担当者との面談時に「ルーチンワークが苦手」という特性を共有しており，定期的に仕事内容を変えてもらっています。また，業務を行う場所を企業内担当者のいないフロアで行う，他部署と連携して行う業務を任されるなど，Aさんの特性をさらに活かせる職場環境・業務内容があるかを定期的に開拓してもらっています。そのことが本人のモチベーション維持や目標をもって仕事に取り組めることにもつながっているのではないかと思います。

その後も朝の不調や被害感は継続しており，月に1～3回程度の欠勤はありますが，業務にはほぼ支障がなく勤務することができていました。Aさんの希望により入社後2年が経つ頃に週5日間勤務に就業日数を増やしました。さらに企業内担当者が変更になった際も，元担当者が同じフロアに在籍するなどの配慮をしてもらっています。

Ⅴ．まとめ

支援機関からAさん・企業へのサポート（表1，2）は，本

表1　支援機関から本人へのサポート

①定期的なデイケア来所時や電話での面談（仕事，プライベートについて面談）
②定期的な職場訪問
③本人からの問題の抽出・共有・解決，必要な配慮事項の整理，障害特性の整理
④受診支援（主治医への状況報告，服薬調整などの支援）
⑤職場との関係作りのための援助

表2　支援機関から企業へのサポート

①定期的な電話連絡・職場訪問
②職場からの問題の抽出・共有・解決，配慮事項の共有，障害特性の説明
③②の事項などについて，本人と職場の橋渡し的な支援
④本人との関係作りのための援助

人と企業の関係作りに視点を置きながら関わることで，その先の本人と企業へのナチュラルサポート体制（表3）を構築していきます。支援機関は出しゃばり過ぎず，企業と本人が当事者となって問題解決を図れるように手助けすることが大切であると考えています。

総じて企業側がAさんを"人財"として大切に思ってくださっている姿勢がとても感じられ，それに対してAさんも応えようとすることでよい関係を築くことができているのではないかと感じています。

Aさんの現在の状況は，朝の不調や被害感・不安感はだいぶ軽減されてはいますが，まだ継続しており，現在も月に何度かの欠勤はあるものの，週5日，実働6時間（時間については入社当初と変わらず）で勤務することができています。業務時

表3　企業側から本人へのサポート

①就業時間の時間短縮や日数の調整
②職場の担当者と本人との面談，必要に応じて頻度を増やした面談の実施
③支援機関との連携・情報共有（就業開始初期は特にこまめに行ってもらえたこと）
④支援機関による職場訪問の受け入れ
⑤本人の不安要素を取り除けるような本人への働きかけ，職場の環境調整
⑥本人の特性に合わせた環境・業務内容の積極的な開拓

表4　本人の変化のまとめ

①勤務日数を増やすことができた
②職場のアルバイトの人への指導的立場も任されるようになった
③自信がつき，明るく自発的になった
④生活リズムが確立した
⑤興味・関心事が増えた

間中に感じる不安感等には頓服薬を利用するなどして対処しながら業務に取り組んでいます。また，業務の取り組み方についても以前は与えられた業務をこなしていましたが，現在では自発的に行う業務を選んで取り組んでいます。

　また，生活リズムも確立し，休日も勤務日と変わらない時間に起き，外出をしたり家事を行うなど活動的に過ごされています。デイケアで親しくなったメンバーとの集まりも続いており，他にも仕事をしているメンバーもいるため仕事のことについて話をする中で共感をしたり，相談をするなどしているようです。プライベートでも自身の趣味を見つけ，仕事帰りに趣味に興じたり，新たに仕事以外の目標をもつなど，仕事・プライベート共に充実した日々を送っています（表4）。

第9章 実際の雇用・支援：支援者から見た事例

【Bさんの場合】
支援者がよく関わったケース

市島勝一

医療法人社団林下病院　就労移行支援・就労継続支援B型事業所「ハピネスロード」

Ⅰ．支援中のBさんの紹介

　家庭を持ち，子育て中のBさんは40代の女性。母として生活しており，統合失調症（主に被害関係妄想，恋愛妄想も）を10年以上抱えながらも頑張って生活していました。当事業所を利用する半年前までパートの仕事をしていましたが，精神的不調により退職しました（これまでの職場でも病気のことは言わずに働いていました）。

　Bさんは自宅療養期間後，主治医の許可を得て，再就職を希望し，当事業所の利用を開始しました。何事も懸命に取り組む努力家で，その中で時々，周囲の言動を被害的に受け取り，自己否定，存在価値の低迷思考のうつ気分，意欲低下に苦慮していました。これまでは薬物療法と本人の我慢で乗り越えてきました。

Ⅱ．職探し

　Bさんによると，できる仕事は家事（調理，洗濯，掃除）でした。体力面の心配はありましたが，調理補助員（障がい者雇用）に応募しました。面接を受けて不採用だったものの，その後も変わりなく当事業所への通所は継続。しかし，2週間後からは欠席が続き，連絡をとると外出への恐怖（本を読んだ後，刺される気がする）や，不採用のショックを話していました。その後，病院への受診の際に自分では対処できないと主治医が判断し，休養と薬の調整のため，1ヵ月間入院しました。

　Bさんは退院後，体調維持も目標に含めて，不安，ストレス，被害思考をノートに書き，思考の整理や対処案を話し合う場を設けていました。事業所内のプログラム（出納帳の記入，買い出し等）には，「緊張した」「思い通りにできていない」といった否定感を持ち，実情を振り返りながら修正を図りました。担当就労支援スタッフの他にも，同性で子育て経験のある他のスタッフの協力も得ながら，体調および生活面の関わりも併せて支援しました。

　就職活動では，Bさんは希望職種の再検討のため，職務経歴を見直しました。希望職種の他にも経験があって長く勤めていた仕事，できたと感じていた内容を拾いつつ，職種の検討を行いました。その検討から，初めて働いた頃の接客販売員の経験や，周囲のスタッフからよく言われていた丁寧な口調と笑顔といった素敵な個性にも着目しました。半年後に，Bさんはその経験と個性をもとに販売補助員（障がい者雇用）の求人に応募しました。

Ⅲ. 面接・採用

　面接準備では，Bさんは前回の入院前の様子をもとに体調管理について不調時の行動傾向と対処の説明を加えました。後日，面接時の服装の相談があり，デザイナー経験のある就労支援スタッフがコーディネートを対応しました。

　障がいを開示しての面接では，覚えたことを思い出しながらも返答できていました。翌日，パート採用（担当：業務店舗内外清掃，納品確認，伝票整理，陳列。いずれは採寸，接客も検討）が決まり，1週間後から初出勤との連絡がありました。

Ⅳ. 就労後のサポート

　就労後，Bさんは上司・同僚との会話が少ない，冷たさを感じる，きっと迷惑をかけている，自分はいないほうがいいと思うことが多い等，業務上のことより職場の対人面で被害的な思考に悩まされることが多くありました。昼食も外に出ることが多く，就労支援スタッフとの接点はあまりありませんでした。交流会にも「自分は行かないほうがいい」と遠ざかっていました。さらに，業務をこなしている実感や自信が持てず，要らないと思われている，続けられないのではないかという予期不安と対人不安のマイナス思考の悪循環に入り込んでいく傾向にありました。

　服薬では副作用への抵抗から，自己調整や怠薬する日もあり，体調変化が起こりやすくなりました。そのため，服薬と体調の確認を取ることが必要な時もありました。不調時はBさ

んからは説明が難しい場合もあるので，就労支援スタッフが病院の外来部門への連絡をしたり，受診同行する場合もありました。生活面では，親子関係のすれ違い，近親者の他界，子の進学費用等と，様々な内容について対応していました。

　Bさんの就労後の支援は主に電話対応・来所面談でしたが，病院受診の際に当事業所に寄っていただき，業務や日常生活での悩みを伺っていました。月1回の定期受診もありますが，被害的な思考が強まることもあり，電話相談や不定期受診・来所相談を実施しました。時に仕事を休養することもありました。病気や子育てなど，Bさんの悩みに沿い，複数の就労支援スタッフで対応しました。

　Bさんが相談に来るときは，辛い，辞めたいと後ろ向きになっていることが多かったです。うつ気分の要因を探すこともありますが，何のために働きたいと思っていたのか，この先どんな生活を送りたいのか，やりたいことはあるのかと，自分の取り組んでいることの源に触れて寄り添っていました。仕事を続けることだけが主旨ではありませんが，続けること，休むこと，転職すること，いずれもBさんの希望に繋がっていく話になっていると思います。その結果，Bさんは今の仕事を続けることを選択しました。

　ある日，職場訪問・勤務後面談で，就労支援スタッフが上司に実情を伺ったところ，Bさんの受け止め方とは違い，評価されていること，受け入れられていることがわかり，Bさんに伝えました。体調が安定している時は，Bさんの退勤時間に合わせて職場近くのカフェで待ち合わせをして，息抜きの機会を設けて関わることもありました。

当事業所では，2ヵ月に1回，OB会を開催しており，就労中でも事業所利用中でも参加できる会なのですが，Bさんは希望休暇を取得して参加することもありました。久々に顔なじみの人たちと会って話をして，ホッとしている様子でした。

　夜のOB会を1回だけ行い，スタッフや就労された当事者が勤務後に集まり，カラオケでストレスを発散しました。その際，Bさんは辛さを涙ぐみながら話していました。他にも子育て中の参加者がおり，働く母親同士で励まし合って元気をもらっていました。

V．企業との調整

　Bさんの定着支援のため，職場訪問や電話を介して上司から勤務態度の様子を聞き，勤務外での相談や対応について事業所からの情報提供を行っていました。また，上司とともに部署の異動があったのですが，仕事内容や待遇についての相談があった際は，上司や人事担当部門にも入って対応してもらいました。

VI．現在

　現在のBさんは異動の不安も一段落して，新しい環境で勤めています。環境の変化による違和感の訴えはありますが，受け止め方の整理を進めています。

　仕事以外にもBさんの悩みは体調の変化，子育て，身内の死別と予想外に起きてきます。生活をしている以上，誰にでも

あることですが，Bさんは1人で悩みを抱えこむことが多いので，その都度，相談して乗り越え方を一緒に考えています。いくつもの悩みを越えながら複数年の勤務に至っています。Bさんの場合，相談相手が身近に多くはない環境ですが，当事業所に対する安心感が拠りどころにもなっているのかと思われます。

　これから転職や他の支援機関との繋がりを持つことも選択肢に挙げられますが，Bさんの希望や体調の負担も考慮すると，今は現状の環境で過ごすこともよい選択の一つなのかもしれません。Bさんは困っている時に「困っています」と発信できることが強みだと捉えています。症状のことで悩んではいますが，助けを求め，助言を受けて行動に移していることも，地域で働きながら暮らせている理由だと思います。

第9章 実際の雇用・支援：支援者から見た事例

【Cさんの場合】
雇用主が,会社に支援者が来ることを望まないケース

田口雄太
認定 NPO 法人 Switch

Ⅰ．就労前の情報や関わり

　Cさんは40代前半の男性で，以前は物流業界で配送の仕事を中心に勤務していました。30代後半で統合失調症を発症し，被害妄想や幻聴等の症状があり，休職を経て離職しました。受診開始から約半年が経ってから，主治医からの紹介で支援を開始しました。

　寡黙なCさんは支援開始当初は意欲が低く，就労希望はあるものの希望職種も自身ではイメージができずにいました。また，自身の病気に対しての認識も低く，倦怠感の強さがCさんからの訴えでした。

　関わりとしては，まずは一緒に街中を歩きながらCさんの興味，関心を中心にコミュニケーションをとる機会を多く持つようにしました。関わり開始から2ヵ月ほどで徐々に会話も増え，笑顔が見られるようになっていくなかで，前職の物流系の仕事はイメージができること，接客業やサービス業に興味があることを話すようになりました。

その頃から症状の整理をし始め，調子がよいとき，悪いときの状況の確認や，悪いときの対処法，余暇の過ごし方などを確認したり，日々の調子の変化をシートにまとめたりしながら，自分自身への理解を深めていく関わりを行いました。

Ⅱ．就職活動の過程と面接

関わり開始から2ヵ月頃の活動と並行して就職活動を始め，希望職種や働き方，通勤時間や休日，賃金等の条件の確認を行いました。

Cさんは，希望職種は少しずつ絞れてきましたが，条件はなかなか出せずにいたので，希望する職種の求人票を大量に並べて気になったものを数点ピックアップしてもらい，その求人票の共通点から条件を絞っていきました。また，ハローワークに一緒に行き，相談をしながら働き方を具体的にしていきました。

そのようななかで障害者雇用専門の集団面接会があり，そこで話を聞いたピッキング業務の求人を出していた物流会社から面接を受けないかという打診がありました。Cさんは物流の経験があり，面接後すぐに採用が決まりました。

Ⅲ．採用と企業側との打ち合わせ

採用が決まり，就業前にCさん，人事担当者，支援者で打ち合わせを行いました。その際に，会社の事務所，作業場ともに個人情報等の兼ね合いもあり，支援者が立ち入ることが難し

いとの話がありました。訪問での定着支援が困難だとわかり、打ち合わせではCさんの特性、不調時のサインや対処法等を共有し、「気になることがあればいつでもご相談ください」とお伝えするに留まりました。

　実際は、このタイミングでもう少しできることがあったのではないかと思います。

Ⅳ. 就労後の状況と支援

　就労後は電話やメールで週に1度程度Cさんと連絡をとり、月に1度程度人事担当者とメールで状況確認を行い、3ヵ月ほどは順調に働くことができているように見えました。しかし、Cさんは就労3ヵ月後ぐらいから体調を崩してしまい、1ヵ月の休職をすることになりました。

　原因としては、定期的なCさんとのやり取りのなかでは、なかなか小さな困り事まで話がしにくかったため、小さな疑問や困り感を消化できずに積み重ねてしまったこと、人事担当者とは連絡をとっていましたが、人事担当者は現場に普段はおらず、現場の担当者から上がってきた報告が情報の中心になっていたこと、併せてCさんの不調のサインや対処法がうまく現場の担当者に伝わっておらず、周囲がぎりぎりになるまで気づけなかったことが考えられました。

　後からわかった話では、現場の担当者も声をかけるタイミングに苦慮するなど、どのように接してよいかわかりにくかったとのことでした。

　Cさんは休職となってから、まずは医師の指導の下できちん

と休養をとり，その後は週に3日ほど当事業所に通いながら今回の不調についての確認を行っていきました。寡黙なCさんは，周囲の人に自身の状況を伝えることに難しさを感じていたようです。

　それらのことを踏まえ，復職にあたりCさんの支援期間中に記入していた調子や疑問等を簡単に記入できるようなシートを作成し，休職期間中にシートの使用方法の確認を行いました。シートに記入し，体調に点数をつけることで，自身の調子に目を向けることができ，不安点や疑問点を書き出すことで，その問題を自ら客観的に見られるようになることが確認できました。

　復職前には，医師から病気の状況を確認したうえで，Cさんと人事担当者，支援者に加え，今回は現場の担当者にも加わってもらい，打ち合わせを行いました。打ち合わせでは，今回のCさんの不調を踏まえてシートを作成したことを人事担当者，現場担当者とも共有し，出退勤の際にCさんから現場担当者にシートを提出し，内容を確認してもらうことにしました。そして調子の点数が低い状態が3日以上続いたら支援者に相談する等，企業側と支援者が連絡をとるタイミングを具体的にしたことで会社の皆さんも安心されたようでした。実際，復職後はシートを活用することにより，現場の担当者から「今日は調子いいんだね」「調子よくないみたいだから，無理はしないようにね。そう言えばあの対処法はもうやってみた？」といった雇用管理に必要な話からはじまり，徐々に「最近趣味活動できてる？」等の適度な雑談へ会話の幅が広がり，コミュニケーションのツールにもなっていたようです。

同時に支援者も，Cさんがコンビニに昼食を買いに行くタイミングに合わせて訪問して会うようにするなど，直接現場では会えないながらも，会って話をする機会を作るように訪問のタイミングを工夫しました。そこで，職場でのコミュニケーションの場面で感じた些細な不安等について一緒に考えたり，対策を練ったりしました。徐々に訪問の頻度は落としていき，現在は訪問を行っていません。また，復職時に使い始めたシートも現場のコミュニケーションが円滑にとれるようになり，今は必要なくなったとのことです。現在までの間に，Cさんは時々不調に陥ることはあるようですが，自ら気づいて対処を講じたり，周囲の人に早めに気づいてもらうことで大きな不調は見られません。

　支援者が会社訪問をし，直接職場環境を確認しながら支援ができるとよいのですが，今回のように支援者の訪問を望まない会社もあります。その理由にはプライバシーの問題や機密保持，さらには今までの失敗体験等，さまざまな理由があると思います。しかし，支援者の訪問を望まない場合でもできる支援はあると思います。支援者がついている場合は，今までの関わりのなかから働く人の状況や特性等を把握しています。今回のようにツールを使ってみることの提案など，どのような支援ができるかを一緒に検討しながら，企業と働く人の双方が無理なく安心して業務に取り組んでいただけるように考えることができるので，うまく活用してほしいと思います。

Ⅴ．現在の状況

現在Cさんは月に1～2度，当事業所から就職した人たちの集いに参加され，自身の話をしたり，他者の話を聞いたり，レクリエーションに参加する等の機会を効果的に活用しながら勤務を継続しています。

第9章 実際の雇用・支援：支援者から見た事例

【Dさんの場合】
本人が，会社に支援者が来ることを望まないケース

畝木奈津恵
あすなろ福祉会

I．就労前の情報や関わり

　Dさんは27歳の女性で，家族は両親と弟がいます。短大卒業後，自身で就職活動を行い，ホテル内にあるレストランのウエイトレスとして一般就職をしていました。勤務ではよくオーダーミスやお客様からのクレームを受け，上司からも叱られることが多くありました。仕事がうまくいかず，不安や気分の落ち込みから勤務継続が難しくなり，退職しました。その後，精神科病院を受診し，うつ症状と発達障害の診断を受けました。再就職に関しては就労支援のサービス利用を希望したため，病院スタッフの紹介で当事業所（就労移行支援事業所）へ来所されました。

　来所見学時も，Dさんからの発言は少なく，緊張した様子でした。登録に至ってからも，就労支援スタッフとの面談では表情も暗く，言葉数も少ない状態でした。こちらからの質問に「はい，いいえ」で答えるやりとりがしばらく続いていました。抽象的な表現での口頭での質問には答えづらい様子が窺えまし

たので，こちらからは質問シート（例を交えての具体的な質問項目）を準備し，記入する時間を設けると，自分自身の経験を詳細に記載して提出してくれました。本人の得意な表現方法であれば，コミュニケーションを取ることは嫌ではない様子でした。また，短大時代には自分自身で就職活動に役立てたいとのことでパソコンスキルを学ぶためにいくつかの資格取得もしており，面談時に労いの言葉をかけると嬉しそうに反応を返すこともありました。

　一方で，Ｄさんは仕事以外の生活面や家族のことなどに質問が及ぶと一気に表情がこわばり，返答もなくなるため，心理的に触れられたくない面もあることが窺われました。そこで，当事業所の就労支援プログラムと就労支援スタッフとの個別面談を活用しながら就職活動を進めることにしました。

Ⅱ．就職活動の過程と面接

　Ｄさんは事業所の他の利用者や就労支援スタッフに慣れるまではしばらく時間もかかりましたが，清掃時間や活動を共に行う中で挨拶や会話も次第にできるようになり，休憩時間に他の利用者と談笑する姿も時折見られました。休憩時間には就労支援スタッフを訪ね，プログラム内容で不明だった点の質問や個別面談の依頼など，就職活動にも精力的に取り組んでいました。就職活動中も，決められた日時・場所には遅れることなく必ず来ていました。持ち物や服装なども整っていました。

　ある日，Ｄさんが自分自身で気になる求人を取り寄せ，ホームページで企業分析をし，応募したい理由なども文章にまと

め,「ここを受けたいのですが,支援してもらえますか?」と就労支援スタッフに相談をしてこられました。これまでは一般求人への応募でしたが,今回からは障害者雇用を考えているとのことで,精神障害者保健福祉手帳の取得などの必要な手続きも1人で地域の福祉機関を訪れて申請を進めていました。支援する側からは,Dさんの就職の難しい部分はどこなのだろうか,と疑問に感じるほどでした。

Ⅲ. 採用および企業側との打ち合わせ

就職活動を始めて1ヵ月ほど経った頃,以前より気になっていた求人に応募したいとのことでハローワークを訪ねました。Dさんは窓口相談でもてきぱきと見学希望を伝えられました。トントン拍子に見学日が決まり,会社見学を行いました。ここでもDさんの持ち前の印象のよさから,会社からは面接を前にして「うちで採用したい」との熱烈な声をいただきました。Dさんとしては願ったりかなったりだったため,企業からの誘いを二つ返事で受け取り,早速後追いで採用に必要な履歴書を本人と就労支援スタッフとで作成して提出し,それと同時に内定を得られることになりました。Dさんが希望していたパソコン入力作業もできる事務補助での採用でした。

その後,企業からは支援機関としての就労後の定着支援についての話が聞きたいとのことで依頼があり,面談機会を持ちました。その際,こちらからはDさんが不安に感じていることや障害特性上,企業に配慮を検討してほしいことなどを伝えていくためにDさんから話を聞きました。Dさんからは「特に

ない」「ここまでこぎつけられたのなら後は大丈夫です」と支援は必要ないとの返答がありました。支援側としては，何か違和感を持ちながらも本人の意向を踏まえ，企業には「本人の能力ややる気を尊重していますが，何かあればいつでも支援の対応は可能です」との基本的な支援内容の紹介までに留めました。

IV. 就労後の状況と支援

　入職日のあいさつ同席以降，就労支援スタッフと企業とのやりとりは，会社の希望する定期的な振り返りや雇用契約の更新時のみでした。Dさんともしばらく連絡は取らずに時間が経過していきました。

　入職から2ヵ月ほど経ったとき，職場の現場の従業員の人から連絡がありました。Dさんの様子がおかしいとのことでした。勤務中顔色も悪く，いつもより作業のスピードも遅く，ミスも目立ち，見るからに不調そうなので早退を勧めるも，本人は頑なに拒否をすると伝えられました。「これは上司からの指示だと思って休みを取りなさい」と指示的な声掛けをすると，Dさんは取り乱し涙を流し始めたとのことで対応に困ったため，連絡がありました。Dさんに「就労支援スタッフにこの状況を伝えてもいいか？」などと帰り際に提案したものの，拒否をしていたそうです。入職前後には考えにくかったDさんの状況に，会社としては戸惑っているとのことでした。

　Dさんには，その日のうちに就労支援スタッフから連絡を入れました。不調について，様子はどうか，無理はしていない

かなど声をかけると「職場から聞いたんですね……」と落胆した返事と「すみません」との謝罪がありました。Dさんとしては, 取り乱したくなく, 会社にも就労支援スタッフにも不調を知られたくなかったと話していました。いろいろ様子を聞くと, Dさんは入職前から「次の就職では絶対に失敗したくない」との強い思いからできる限り自分の不安は我慢しておこうと決めていたそうです。前職の接客でうまくいかなかった点は自分の努力不足だと考え, 今回の仕事では作業中の指示の受け取りではメモを活用したり, 質問をしながら自分なりに工夫をしていたといいます。Dさんは障害があることを企業に伝えて雇用してもらえるだけで, 自分にとっては「十分配慮がある」と感じていたそうです。それ以上不安を口にしたり, 就労支援スタッフを頼ることは企業への印象を悪くする（自分の能力を低く見られてしまう）と感じていました。面接時にDさんの丁寧なやりとりを見て,「何でもご自身でできるようだから, 何にも問題はないですね」と企業担当者から褒められた言葉を覚えており,「何にも問題はない, と言われたから問題を起こせない」と思ったのです。字義通りに受け取ってしまう, 会話の中での冗談が理解しづらいとの医療機関からのDさんの障害特性の情報が, このとき初めて頭に浮かんできました。

「体調が悪い」と言ったら辞めさせられるのではないか, 仕事を減らされて自分が不利になるのではないかと不安に思い, 体調不良を伝えられなかったDさんに対し, 就労支援スタッフは「体調を聞くのは雇用を継続するための雇用管理の上で必要なことであり, 決して不利な状況にはならない」ということを, 職場の上司も交えてDさんに伝える機会を設けました。

また，支援機関が存在することはＤさんと企業の安心を取り付けたり，関係に慣れるまでの間を取り持つ橋渡しの役割があり，支援機関を活用することは安心して働き続ける上で大切な方法であることを，企業からＤさんに直接伝えてもらいました。

Ⅴ．現在の状況

　現在では，受診の相談から仕事上での悩みなど，Ｄさんが困ったときには就労支援スタッフへメールや電話があります。今でも時々「頼ってばかりで申し訳ない」と謝ってくることもありますが，Ｄさんへは「弱音を吐くこと」「困りごとを口にすること」は雇用を阻む要素ではなく，むしろ周囲の協力を得ながら，自分一人で抱え込まずに相談することができていることだ，と肯定的に返しています。会社・Ｄさん・支援機関も交えながら，無理なく言葉を交わす機会が少しずつ増え，それぞれの安心に繋がっています。

第9章 実際の雇用・支援：支援者から見た事例

【Eさんの場合】
発達障害を持つ人への支援ケース

柴田泰臣
NPO法人 NECST

　発達障害の一つ，自閉症スペクトラム障害と診断されている20代後半の男性のEさんの事例を紹介します。

I．就労前の情報や関わり

　Eさんは，就職活動のために通っていたハローワークの職員から当センターを紹介され，見学・体験利用を経て，正式な利用が始まりました。Eさんは子どものころから自分と周囲との間に違和感があったそうです。小学校のころはちょっとしたことで慌ててしまう様子と，運動が苦手であったことをよくからかわれ，本人は「要するにいじめられていました」と言っていました。中学でも無視される形でいじめは続き，高校に入るといじめはなくなったものの，友だちと呼べる人はおらず，孤独を感じていました。この当時，Eさんはまだ自閉症スペクトラム障害の診断を受けていませんが，障害の特徴である「言語・非言語のコミュニケーションの難しさ」「年齢相応の対人関係を築くことの難しさ」が子どものころから見られたものと思わ

れます。

　学業については，英語が得意でした。一方，国語が苦手で，漢字を暗記することは得意でしたが，文章の読解が難しかったそうです。数学も計算そのものはできますが，文章問題に苦手意識が強く，成績は振るいませんでした。しかし，主に得意な英語を活かして大学に進学し，様々な苦労はあったものの卒業することができました。ただ，就職活動では内定を得られないどころか，活動自体をまともにすることもできませんでした。初めに何をして，次に何をするという段取りがわかりませんでした。また，大学のキャリア相談窓口に相談して「どのような仕事をしたいのか」と問われても回答できず，まず自己分析をするようにと言われて以降，全く進められなくなってしまいました。

　大学卒業後は，就職活動を続けながらアルバイトをしていましたが，そのアルバイトで「先輩の指示通りに動けない」「忙しくなるとミスが増えて，ミスを指摘されると頭が真っ白になる」「Eさんの声が小さくて，周りが聞き取れない」などの不具合が生じて長続きしませんでした。そのころ，Eさんは心身の不調を訴え，心配した家族の勧めで近くの精神科にかかりました。そこで初めて「自閉症スペクトラム障害」であることがわかりました。

Ⅱ．就職活動の過程と面接

　当センターを利用する中で，Eさんは「どのような仕事をしたいのか」は相変わらずわからないものの，「できることをし

ているときはストレスが少なく，続けられる」ことがわかり，パソコン作業が比較的得意になりました。また，自分以外の自閉症スペクトラム障害の人や，その他の発達障害の人と接して，対人関係が苦手なのは自分だけではないという安心感を得られた一方，この課題を自分の努力だけで乗り越えることが難しいということに改めて気づき，精神障害者保健福祉手帳を取得して，勤め先に障害を開示して働く「障害者求人」に応募する意向を固めました。

　Eさんは履歴書や職務経歴書の作成サポートはスムーズにできましたが，面接の練習では回答内容はよいとしても，声の小ささや目が合わないこと等がなかなか改善されませんでした。練習を繰り返せば，徐々によくなっていく感覚はありましたが，多くの時間を要すると考え，現状のまま就職面接に臨むことにしました。このことだけが理由か否かはわかりませんが，応募した数社は面接選考まで進めるものの，そこで不採用になることが続きました。

　それでもEさんが就職活動をためらうことはなく，この「働きたい」という意志の強さと行動の継続が，その後の勝因に繋がったものと思われます。最終的にEさんは，声の小ささや目が合わないことも障害の特性との理解がある企業から内定を得ることができました。

Ⅲ．採用と企業側との打ち合わせ

　Eさんに任されたのは事務職でしたが，話すことが苦手であることから，電話応対業務を外してもらうことになりました。

このような働く上での配慮は，面接選考時にも企業に伝えましたが，改めて以下のように整理しました（これはEさんの障害特性に当てはまるものなので，発達障害の人全般に必要とは限りません）。

①月に1回，緊張を和らげる薬を処方してもらうために平日に定期通院しているので，その日は半休をいただく。

②口頭指示を聞き取ることはできますが，その理解に若干の齟齬が生まれて，仕事のやり方を誤解する場合があります。そのため，初めて経験する業務では，最初の本人の成果を上司に確認してもらい，OKをもらってから進行するようお願いしました。

③集中力に優れているのは本人の長所ですが，ときに休憩も取らずに仕事をして，後からどっと疲れてしまうことがあります。そのため，休憩時間を知らせるアラームの利用の許可を得て，それでも休憩し忘れている際には，上司から休憩を促してもらうことにしました。

④これは障害特性に加えて，心理的課題も影響していますが，自ら他者に話しかけることが苦手です。仕事上の相談は概ねできますが，どうしても伝えづらい場合には，文章にして伝えられるよう，日報を導入してもらいました。

Ⅳ．就労後の状況と支援

就労後も，当センターの就労支援スタッフとEさん，また企業と連絡を取り合いながら，働く上での課題が生じていないかを確認していきました。企業は，Eさんの誠実な人柄と勤怠

の安定感を高く評価してくれました。一方，Eさんは「日報でも遠慮して伝えられないような小さな悩みや不安がある」と訴えてきました。話し合った結果，定期的に上司との面談を希望するとのことでした。当センターの支援者から企業に相談したところ，2週間に1度のペースでの上司とEさんとの定期面談を行うことになりました。このように，状況に応じて採用時と異なる配慮をお願いすることもありますし，あるいは職場環境や業務に慣れることによって不要になっていく配慮もあり，過程に応じて変化していきます。

V．現在の状況

就労後3ヵ月の試用期間を無事終えることができ，当センターの就労支援スタッフとEさん，企業との連絡頻度を少しずつ減らしていきました。また，上司とEさんとの定期面談のペースも月1回でよいということになりました。それからさらに6ヵ月が経過しましたが，現在も順調に働くことができています。

しかし，Eさんのように順調に運ぶケースばかりではないことにも留意する必要があります。場合によってはさまざまな不具合が生じて，職場環境の調整や業務の変更を検討してもらったり，医学的な知見を求めて就労支援スタッフが通院に同行して主治医のアドバイスを仰いだりすることもあります。いずれにせよ，就労支援スタッフが本人，企業双方の気軽な相談役になれるとよいと考えています。

COLUMN 6

企業から見た精神障害者雇用の実際①

小川一郎（仮名）

　弊社は，宮城県で地元の名産品を製造・販売している会社です（社名は匿名とさせていただきます）。このコラムでは，2013年より雇用している精神障害を持つFさんのことを中心に，実際の企業の視点をお話しします。

　雇用のきっかけですが，事前に実習として複数名の精神障害者を受け入れたことで，どんな業務がよいのか，あるいは避けたほうがよいのかを経験できたことです。また，彼らがどんな雰囲気の人たちで，どう一緒に時間を過ごせばよいのかを知ることができたことも，雇用の後押しになりました。

　実習を含め，Fさんの就労支援をしていたあるNPO団体のZ事業所で勤務している知人がいました。他の業務での付き合いもあるため，比較的気軽に相談にも乗ってくれましたし，実習時などは積極的に同行して職務の提案や精神障害者と働くための配慮等について，何度か顔を合わせて話を聞くことができました。

　現在のFさんの業務は，各種伝票や帳票類の仕分け，管理を中心に諸々細かい業務を担っています。実際に一緒に仕事をして，まず感じたことが，自分たちと何が違うのか，何が障害なのかがよくわからなかった，ということでした。緊張はしているようでしたが，礼儀正しく，丁寧に確実に仕事ができることがわかりました。事業所の就労支援スタッフから臨機応変な仕事は避けたほうがよいとい

う助言もあり，そのような仕事は外しましたが，実際は臨機応変な業務もパート社員に求める対応としては十分できているときもありました。作業速度も，とりわけ遅いこともないため，戦力として大変助かりました。

しかし，雇用管理の側からすれば，Fさんにとっては何が大変なのか，何が不調につながるのかがわかりませんでした。Fさんは，入社当初からの半年程度は大変順調に勤務していましたが，徐々に休む日が出て，2年目からは週4日勤務が週3日勤務になりました。本人に聞いても，「原因はよくわからないが，何とか体調を戻して働き続けたい」という希望が出るのみで，自分たちに何ができるのか，わからないままでした。

Z事業所とは別に話す機会があり，その時にFさんの最近の様子を気軽に伝えたところ，一度Fさんとゆっくり面談してくれることになりました。その後，Z事業所からは作業面以外の生活部分で困っていることもあり，原因は特定できないが負荷が高いことは確かなので勤務時間について相談したいようだと報告がありました。Fさんの勤務意欲はとても高く，Fさん自身が会社に勤務調整の相談をすることへの罪悪感や自責感が強いため，相談があった際には可能な限り対応してもらえるとありがたいとのことでした。このように，勤務継続していく中で，困ったときに気軽に相談できるZ事業所の存在はとても頼りになりました。

精神障害者の配慮事項は個人差も大きいものですが，弊社と縁があったFさんは，調子が悪くなると出勤に影響が出てくる人でした。そして調子が悪くなる原因は，仕事のことだけでなく，様々なものが影響することを知りました。

これからも，少しでも会社の中でFさんが能力を発揮して仕事に取り組んでもらえるように，コミュニケーションを取りながら見守っていきたいと思います。

COLUMN 7

企業から見た精神障害者雇用の実際②

田村真弓

「障害者雇用で前職と同じような仕事に就けるなんて思わなかったです」と話すエンジニアのGさん。

当社（社名は匿名とさせていただきます）では，新卒・中途の募集職種の全てを合わせると20種類以上もの職種があります。なかでも，時代のニーズに合わせて翻訳業務や映像編集業務等もここ数年で新しく登場し，それぞれチームとして動いています。驚くべきことに，精神障害のある従業員はほとんどの職種で活躍しています。自分たちの身近にロールモデルや頼れる先輩社員がいることも彼らが働きやすい理由の一つです。

では，次に障害者雇用ならではの働き方を紹介します。

「勤務時間が6時間の時短勤務なんて，最初は物足りないと思っていました。だけど，ブランクもあるし，通勤だけでも想像していたよりも疲れるので，今ではいい選択だと思っています」

これは入社半年後のHさんの言葉です。

当社では，フルタイム勤務を継続してきた人やブランクがほとんどない人以外は，時短勤務（定時勤務より1～2時間勤務時間を短くして働くこと，公休日を週に1日増やすこと等）を導入しています。メリットとしては，契約更新毎に問題がなければ徐々に勤務時間を延ばすことができるため，緩やかなステップアップが可能なことです。

同時に，これまでがむしゃら

に余裕なく働いてきた生き方を見直すチャンスにもなります。

　働き方を見直すと言えば，Ｉさんの言葉。
「自分は仕事をやり過ぎてしまいます。前職でも仕事を頼まれると断れず，自分一人で抱え込み過ぎたことが原因で，うつ病になりました。障害者雇用で働き方を見直して，プライベートも楽しめるようになりました」
　精神障害者の多くは責任感が強く，他者のことまで考えてしまうため，しばしば自分一人で引き受けてしまいがちになります。しかし，当社では，各チームリーダーが業務管理をしており，時間内に終わらない場合には進捗確認し，チームとしての判断をします。業務を属人化せず，特定の従業員だけがオーバーワークとならないようチーム全体で業務シェアできる体制を構築しています。結果，仕事だけが人生ではないと気づき，Ｉさんのようにワークライフバランスを実現することができます。

　このように精神障害のある従業員は，私たちにいろいろなことを教えてくれます。それは，人が働く上でとても大切なことであり，その先の人生を考える時に必要なことも……。
　最後に，忘れてはならないのが「支援機関のサポート」です。会社の中では，精神障害のある従業員からの業務面や対人面の相談は受けられますが，生活面の相談を受けることには限界があります。生活面の相談には支援機関のサポートが必要になるケースが多く，時には共に悩んでアイデアを出し合ったり，課題が乗り越えられたら一緒に喜んだりといつも心強く感じています。
　これからも一人ひとりの従業員の成長を，職場の上長をはじめ頼れる支援機関の担当者と一緒に私は見守っていきたいと思います。

第10章　企業からの質問・疑問

もっと知りたい
精神障害者雇用Q&A

Q 就業スキルに問題はないのですが，勤怠管理について悩んでいます。単刀直入に「明日は来れる？」と聞いてよいのでしょうか？

A 聞いても問題はないと思いますが，最良ではないと考えます。最良ではないと考える理由は2つ挙げられます。
1つ目は，「明日は来れる？」という言葉を出勤命令と考え，予定があったり，調子があまりよくなくても無理をしてしまう人がいることが挙げられます。就業スキルに問題がない場合でも，本人の予定にない突然の（イレギュラーな）出来事は大きな不安やストレスとなり，それが引き金になり，調子を崩してしまう場合があります。そのため，このような場合は予定が入っていたり，体調がよくなければ無理はしないでほしい旨を伝え，出勤できる場合はどのような仕事があるのか，代わりの休日の有無等，具体的に伝えるほうがよいと思います。選択権が本人にあることが伝わることで安心感につながり，本来の予定にない出勤でも，仕事の内容がイメージできるので不安やストレスを減らすことが可能になります。

2つ目は,「明日は来れる？」という言葉は,受ける人の解釈によりポジティブにもネガティブにもとれてしまいます。「今日はとても頑張ってくれたので助かったよ。明日もぜひ力を貸してほしいと思っているのだけど,明日は来れる？」といった内容と,「今日のあなたの働きは酷かったので,仕事が全然はかどらなかったよ。責任とって明日来て続きをやってほしいのだけど,明日は来れる？」といった内容では,意味が全く違います。そして,どちらも一言で「明日は来れる？」の言葉で表せてしまいます。

　精神疾患の有無に関わらず,毎回後者の「明日は来れる？」と聞かれると苦しくなってしまいます。そして,精神疾患のある人には後者の意味のようなネガティブな解釈をしやすくなってしまう人が多くいます。そのため,短い言葉は便利ですが解釈が複数になってしまい,聞いた人の真意とは違う意味に捉えられてしまいがちです。そのことで調子を崩してしまう可能性が考えられるため,少し大変だなと感じても「今日はとても頑張ってくれたので助かったよ。明日もぜひ力を貸してほしいと思っているのだけど,明日は来れる？」のようにきちんと真意を伝えるほうが適切であると言えます。

　これらのことから,「明日は来れる？」といった趣旨の話はしても構わないと思いますが,その際は本人に選択権があることを伝え,内容を具体的に,かつ質問の意図をきちんと伝えることが適切であると考えます。また,短い言葉での会話は便利ですが,時に勘違いや思い違いなどの素ともなりやすいものでもあります。そして言葉のすれ違いは双方にとって大きなストレスになりやすいので,「明日は来れる？」という場面以外で

も，言葉に具体性や発言者の意図，発言の経緯などを盛り込む配慮があると，精神疾患の有無にかかわらずコミュニケーションのすれ違いが減り，ストレスの少ない働き方ができるのではないかと思います。（田口雄太）

Q 長く働いてもらうためにはどんなことをすればよいのでしょうか？

A 長く働いてもらう方法やコツは，人それぞれになると思いますが，一般的にはモチベーションと安心感，適材適所の配置が大切だと考えます。精神疾患の有無に関わらず，長期の目標に向けてスモールステップの目標を設定し，一つずつ目標を達成しながら，長期の目標に近づいていることを実感できる工夫をしていくことはモチベーションの維持・向上に効果的だといわれています。

安心感については，大きく2つあり，1つは環境面，もう1つは体調面が挙げられます。どのような環境が苦手で，どのような環境だと最大限に力を発揮できるのかを事前に知ることで，苦手な環境を減らしながら，力を発揮しやすい環境に近づけていく工夫が必要になってきます。例えば，コミュニケーションに苦手感を感じている人だった場合，必要なコミュニケーションをとる相手を決めておく，最低限のコミュニケーションで済むように仕事が終わったら手を挙げるという決めごとを作っておく，等があります。疾患が同じでも，人により得意な環境や苦手な環境が違うため，勤務開始からなるべく早い段階で本人と，支援者がいる場合は支援者にも参加してもらいなが

ら，お互いに無理のない環境調整ができるとよいと思います。

　また，離職の大きな理由の一つとして，調子を崩してしまい，病気を悪化させ，仕事を続けられなくなってしまうことが挙げられます。本人が不調に気付いてもどのように声をかけてよいのかわからなくなってしまっていたり，周りの人が不調に気付くことができない，気づくことができてもどうしたらよいかわからずに焦ってしまい，それらが絡み合い，さらに調子を悪くしてしまうことがあります。

　精神障害を持つ人と働く際には，本人だけではなく，周囲の人も不安や不調のサインに早期に気づき，適切な声掛けができることが安心感となり，長く働くことにつながります。私の所属する法人では，日頃の関わりを通して調子のよいとき，不調になりかけのとき，不調のときのサインと対処法を本人とまとめ，就職が決まった際にはそれを勤務先と共有するようにしています。そうすることで仕事に集中して自分の不調に気付きにくくなってしまっていても，周囲がサインに気づき，対処法を実践したかを確認してもらうようにしています。そうすることにより，本人の安心感につながると共に，周りで働く人にとってもどのような点に気を付けたらよいのかがわかったり，不調に気付いた際に声をかけやすくなり，安心感が生まれます。

　最後に適材適所ですが，こちらも事前にその人の得意・不得意を確認したり，特徴や特性を考慮して配置を決めていくことで，本人，企業ともに仕事の効率が上がり，ストレスを軽減することになります。これらのことは，雇用管理のうえでは精神疾患の有無に関わらず一般的なものかもしれません。しかし，その一般的なものを丁寧に行っていくことが長く働いていくう

えでとても重要であると思います。

　障害者雇用の場合，もともとその人を支援していた就労移行支援事業所をはじめ，ハローワークや障害者職業センター，就業・生活支援センター等，多くの支援機関がありますので，それらを上手に活用することで，安心してモチベーションと安心感，適材適所について検討できると思います。（田口雄太）

Q 本人に病気のことや体調のことをどのように聞けばよいのでしょうか？

A 日頃，体調のことを気にかけて本人に尋ねることは障害のない人ではしばしばあることです。精神障害を持つ人と関わる機会が少ない職場では，知識がないため，どう対応すればよいのか，不安になるかと思います。しかし，本人に声を掛けながら，職場内でサポート体制を形成することは，継続して働く環境として本人にとっては好ましい状況です。

　病気のことを直接聞くことによって具合が悪くなるかもしれない，予想しない反応が返ってくるかもしれない等と不安になって，聞いてもよいものか悩むケースは多くあります。病気のことを知りたいだけの一方向の聞き方では，警戒心が高まり，聞きたかった情報は得られないことが多いです。極端な表現になりますが，根掘り葉掘り聞かれるのは誰でも嫌なものです。本人に病気や体調について聞く目的が，この職場で仕事に取り組み，働き続けられるように対応が可能かどうかであり，その内容が職場の体制の説明を加えて双方の安心感につながるものであれば問題はないと思います。加えて，症状及び生活や業務

に影響しそうなこと，予防や対処を聞いてもよいと思います。

　企業側としては，採用にあたり，本人の体調への対応について準備が必要かと思います。体調について聞く場合があることを面接時に本人から同意を得ていても，採用後，多方面からいろいろ聞かれることで戸惑いや不安が高まり，ストレスから不調につながることも予想されます。

　関係性や安心感がないと返答しにくいので，本人との関係作りが大切だと思います。相談窓口（人事担当，部署責任者，シフトリーダー等）になる人がいると安心できます。相談窓口の人が同僚から心配なことを抽出して，本人に不安な点を聞くのも工夫点かと思われます。本人の視点に立って話すことで安心できる反面，病気のことは多くは話したくない，知られたくない気持ちもあることを忘れないようにしましょう。

　体調の変化は，周囲の人が先に気付く場合が多いと言われています。診断名を知っていても自覚していないことやしばらく現れていない症状もあります。本人や周囲の業務に支障が出そう，出ている場合は率直に「○○の件だけど聞いてもいい？」「最近，○○のような感じを受けるけど，確認してもいいかな？」等と体調確認の承諾と業務内容の修正や体調回復につながるメッセージが含まれると返答しやすく，早期対応につながると思います。また具体的なスキルとして，「週末は休めた？自分は家にいたんだけど，どこか出かけた？」「夕べ暑くて自分は寝付けなかったけど，眠れた？」等と自分のことを開示しつつ聞くのも，相談や面談形式よりも話しやすさや関係作りの点から生活感や対処方法の情報を得られやすくなる方法です。日常会話にからめて質問することで本人も返答しやすくなると

思います。

　本人は，面接時に採用担当者以外にも障害を持っていることが伝わることについて同意を得た場合，周囲から病気や体調について聞かれるだろうという心持ちが得られると思います。実際に勤めると何を聞かれ，何が起きるのか，双方に不安はありますが，日常的な会話の中で変化を確認することでトラブル回避，就労継続にも影響すると考えられます。

　病気のことや，不調時に自己対処できるかどうかを優位に聞くのではなく，人柄を，特性を知りながらサポートできる環境作りをするための質問というメッセージが伝わるとよいと思います。（市島勝一）

Q 給与はどのくらいにするのがよいのでしょうか？

A 給与の設定については，障害者雇用でない他の従業員と同じ業務が遂行できるかどうかという点でよく考える必要があります。おそらく障害者を雇い入れるために企業が行うこととしては，①仕事を開始する前に障害特性について確認のため支援機関等の関係機関を交えての話し合い，②物理的な環境調整，③職場への配慮事項等の周知，④就業時間短縮をした勤務の開始，⑤職場に慣れるための業務配分，⑥企業内の障害者担当者による本人への指導時間の確保／面談時間の確保，⑦障害に関する研修参加／情報収集のための時間の確保などで，他にも様々な準備・基盤作りがあるでしょう。これらの手間やコスト面を総合的に踏まえると，給与は障害者雇用でない従業

員と比べて多少低く設定することもめずらしくありません。他の従業員と同じ給与だった場合でも，そのことをプレッシャーに感じてしまう人や仕事量やスピードを他の従業員と比較し，過度に神経を使ってしまい，疲弊する人もいるため，慎重に決める必要があります。

　ですが，**給与に関しては入社時の金額よりも，今後どのように昇給をしていくのかが大事だと考えます**。多くの精神障害者を支援していく中で「給与が全く上がらない」「何をしたら評価され，給与が上がるのか」などの声をよく耳にします。働くうえで"昇給"はモチベーション維持や将来の人生設計を考えるための非常に重要なキーワードとなります。

　知的障害者を比較的に多く雇い入れている企業は，勤務年数に関係なく一定の給与を保っているところも多いですが，精神障害者にこれを当てはめてしまうと「頑張りを認めてもらえない」「自分は嫌われているから昇給しない」などとネガティブな思考になってしまうことがあり，転職や退職を選択する人も出てきます。ここで重要な点として，"昇給するために何をすべきなのか"を精神障害を持つ従業員本人と企業側とで共有できる評価表やチェックリストなどを作成することが効果的になってきます。それらの評価表などに基づいて自己評価と他者評価を行うことで，精神障害を持つ従業員本人が客観的に自身の働き方についても振り返ることができますし，具体的な改善点や目標を明確にすることができます。互いに目に見える形で評価を共有することで，意思のすれ違いを防ぐことができ，企業側も次のステップアップに向けた準備や報酬について検討することもできるでしょう。

合理的配慮の観点から精神障害者には個々の配慮事項があります。それらを加味して障害者雇用のベース賃金を設定してもよいかもしれません。例えば，多くの精神障害者は2〜4週間に1度の定期の外来通院があるため，そのための休みを確保しなければなりません。この通院日を欠勤として扱うのか，有給休暇として扱うのかなど，各企業での規定を作成する必要があります。企業によって体調不良になることを前提条件として年に20日の有給休暇を与えているところや，通院日でも欠勤として扱うところなどがあり，企業の方針などによって異なります。

上記はあくまで代表的な配慮点ですが，通院や急な体調不良での遅刻・早退・欠勤に対してある程度の幅をもたせて考慮し，それも踏まえての給与設定が妥当になってくるでしょう。
（松井彩子）

Q 職場に精神障害に理解のない従業員がいる場合は，どうすればよいのでしょうか？

A 「精神障害者に対して理解がない従業員がいる」と聞くと，一般企業で支援を担当する者としては，とても悲しく，やるせない気持ちになります。当社（社名は匿名とさせていただきます）が精神障害がある従業員を雇用し始めた当初の事例を通してこの質問にお答えします。

精神障害を持つ従業員が入社して数日経ったある日，その従業員のことを上司はこんなふうに話しました。

私:「最近のAさん(精神障害を持つ従業員),業務のほうは慣れてきましたか?」

上司:「普通ですよ。障害があるなんて全然わからないし,問題ありませんよ」

そして,上司はAさんを職場で働く仲間として他の従業員と同様に就業後もプライベートでのかかわりを積極的に持ちました。業務上もAさんの希望通り業務量を増やしていき,結果,連日残業が発生していました。しかし,数ヵ月が経過すると当初見えていなかったAさんの障害特性が浮き彫りになりました。具体的には,精神障害を持つAさんは熱心に業務に取り組む反面,その熱心さを周囲にも同じレベルで求めるようになり,さらに夜間も仕事が頭から離れず眠れなくなっていったのです。やがて,Aさんの体調不良による欠勤が目立ち始めると「精神障害を持つ人って雇用管理が難しいね」というイメージがつく不幸な結論に至ってしまうこともありました。ここでは一体何が起きていたのでしょうか?

上司はAさんのことを一従業員として理解していました。しかしながら,Aさんがなぜ,あえて精神障害をオープンにしてこの会社に入ったのか,どんな配慮を必要とするのかに理解を深めなかったことで,周囲の従業員と共に働きにくい状況が発生してしまったのです。

会社組織で働く上で精神障害を持つ従業員が身近にいても,「全く理解がない」という社員はそうそういません。理解がないのではなく,自分なりの理解の仕方であったり,自分なりの距離の取り方であったりするのではないでしょうか。

個々の従業員が自分なりに精神障害者に対する理解を深める

ことは大切であり，否定することではありません。しかし，一従業員としての理解だと何かが足りないのです。そんな時，大事なことを教えてくれたのは，やはり精神障害を持つ従業員でした。

精神障害を持つ従業員の入社後，当社では「障害特性の説明会」を必ず本人や直属の上司・精神障害を持つ従業員が配属されるチームのリーダー・支援者を交えて行います。最近では精神障害を持つ仲間がチームリーダーを担っているため，チームによっては時々精神障害を持つ先輩従業員が参加をすることもあります。彼らは説明会の際に必ずこんなことを言ってくれます。「〇〇〇〇の特性があるんですね。辛いですよね……。自分も同じ精神障害だからよくわかりますよ」と。同じ体験をしたからこそ共感できる言葉がそこにはあり，障害をもつ人の気持ちに寄り添うことができます。同時に，この言葉は精神障害に理解が向かない上司に一番有効な言葉にもなります。そして，この言葉から共通の理解が生まれると感じています。

もし，身近に精神障害に理解がない，否，自分なりの理解をしている従業員がいたら，このような精神障害を持つ人の言葉を聴く場を設けてみてはどうでしょうか？（田村真弓）

Q 怠薬が疑われる場合は，どのように対応すればよいのでしょうか？

A 怠薬に至るまでには，本人の薬に対する複雑な思いがあります。それを正直に話すことは少なく，理由を聞かずに服薬を促すと拒否感を強めてしまうことがあります。薬はい

つまで飲み続けるのか，飲み続けることで体に影響がないだろうかという不安。今の薬は体への影響も少なくなってきていますが，これまでの服薬の体験から拒否感を強く持っている人もいます。働く中で，だるさや疲れているような体の重さを感じる人，集中できていないと感じる人もいます。他にも，働いていると体調がよくなっていると感じて薬を飲まなくなることもあります。いずれも自分で飲む量を調整する場合が多いと思います。

　怠薬については，本人より周りの人のほうが，先に変化に気付くことが多いです。業務場面で作業の停滞やミスが続く，イライラ感，テンションの高さや口調の変化など，普段の様子に違和感があり，怠薬と思われる場面が出てきます。

　そのような時，職場で本人に体調を聞くことになると思います。体調確認と主治医や支援機関への相談を勧めることが初期対応だと考えられます。職場だけで課題を抱え込まず，近況を支援機関に連絡すると早期対応が可能になります。

　怠薬の問題も含め，医療的支援については，採用の段階から医療的な相談や緊急時対応の流れの確認，就労後の継続的な支援機関との連携が形成されると，支援機関はより円滑に動けます。関係機関との連携，協力を持つサポート体制作りが望ましいと思います。支援機関は勤務先からの連絡を受けて，本人へ電話または来所してもらい，勤務状況や食事，睡眠状況，帰宅後や休日の過ごし方も聞きます。そこから服薬や受診状況を確認していきます。

　当事業所（就労移行支援・就労継続支援Ｂ型事業所「ハピネスロード」）で実際に行った本人との面談では，上記の内容

を聞き，一方的に服薬指導をするのではなく，服薬状況と薬に対する思いを聞き，働き続けるための方法を話し合います。休養をとることや服薬を続けることの利点を伝え，そのうえで服薬の継続については本人に決定してもらいます。また，受診同行やその際に薬の調整ができるかを就労支援スタッフから提案するなど，本人だけで動くのではなく，一緒に働き続ける方法を考え，協力していくことも話し合います。また，本人以外（サポートが得られる人）との以下の点の情報共有も大切になります。

- 家族，パートナー：勤務時間外の様子
- 医療機関，主治医：職場，パートナーからの情報も併せて報告，受診状況，処方薬の変更の確認及び受診同行（面談時の就労継続の意思や服薬への思いについての補足説明）
- 職場の上司：受診報告，今後の経過報告の確認，休養期間の検討

　怠薬が疑われる場合に限らず，精神障害は体調に変化が起こりやすい特性がありますので，安定している時にも体調管理方法の確認，困り事などを話せる関係作りが必要だと思います。関わる人が増えることで，些細な変化であっても早期に対応することが可能になります。変化を感じた際はすぐに連絡できるような支援機関との関係性，サポート体制を構築しておくことが大切だと考えています。（市島勝一）

> **Q** 発達障害と自閉症スペクトラム障害は同じものですか？

> **A** 発達障害は総称で，その中に「自閉症スペクトラム障害」や「ADHD」（注意欠如・多動性障害），「LD」（学習障害）などが含まれます。また「広汎性発達障害」と「自閉症スペクトラム障害」はほぼ同義と考えて差し支えありません。「自閉症スペクトラム障害」のほうがより新しい呼称です。「アスペルガー症候群」はその下位分類の一つですが，現在ではそのように細分化しない考え方が主流になっています（第2章参照）。（柴田泰臣）

> **Q** 数名の自閉症スペクトラム障害の人に会いましたが，どの人も印象が違って共通点がわかりにくいです。どう理解すればよいのですか？

> **A** 回答が難しい質問ですが，「自閉症スペクトラム障害」である以上，経験的な共通点として「コミュニケーションの苦手さと対人関係を築く上での難しさ」があることが多いです。加えて「特定のものごとへの強いこだわりや融通の利かなさ」が見られることもしばしばあります。問題はその程度が人それぞれかなり異なるということです。さらに，知的機能の凸凹やコミュニケーションスタイルの違い（よくしゃべる，ほとんど黙っている）などが掛け合わされて，多種多様な様相を呈します。困惑される気持ちはよくわかりますが，発達障害の人と付き合う場合には，はじめから「幅広い状態を網羅してい

る診断なのだ」と心積もりをしておくと，驚かずに済むと思います。（柴田泰臣）

Q 発達障害と精神障害の両方を持つという可能性はありますか？

A あります。先天的に発達障害の特徴があり，それが日常生活・社会生活上のストレスの原因になると，人によっては精神症状が発現する場合もあり得ます（第2章参照）。（柴田泰臣）

Q 精神障害者保健福祉手帳を持っている発達障害の人が，定期通院も服薬もしていないと言っています。問題はないのでしょうか？

A 今のところ，発達障害そのものを服薬治療によって完治するというのは一般的な考え方ではありません。併発する症状に対して服薬治療が適用されることも多くありますが，そのような症状が見られない場合には，主治医が定期通院と服薬の必要なしと判断するのは珍しいことではありません。（柴田泰臣）

Q コミュニケーションが苦手という人は、コミュニケーションの練習を重点的に行って克服すればよいのでしょうか？

A コミュニケーションの練習法はあるので、本人が「練習を重ねて、少しでもコミュニケーションを上手にとれるようになりたい」と願っている場合、そうした練習をすることは有効かもしれません。しかし、本人がそれを希望しておらず、周囲のニーズだけであれば効果的ではないでしょう。また、「情報のインプットや情報処理のプロセスにおいて、限定的になりやすい（過剰に取捨選択されやすい）」という生得的な特徴は、練習をしても変化しづらいかもしれません。あくまで本人の主体的なニーズに基づき、（必ずしも周囲の期待通りとは限らない）本人なりの成長を目指すスタンスが本人と周囲の双方にとってよいと思います。（柴田泰臣）

Q 担当してもらった業務がうまくいっていないのですが、障害の特性なのか、その人の個性なのか、どちらなのでしょうか？

A 障害の特性でもあり得ますし、その人の個性や性格が起因している場合もあり得ますし、その両方の場合もあります。よって一概には言えないでしょう。起きる出来事にはいろいろなことが関わっているのではないでしょうか。

業務がうまくいっていないと企業側が感じているとき、本人は実際にどう感じているのでしょうか。「特に問題はない」と

感じている場合もあれば，企業側と同様に何かうまくいかない部分を感じながら日々を過ごしている場合もあるかもしれません。そのどちらの場合であっても「何かうまくいっていないな？」と感じた際，共にその不安や困り感を声にできる場や相談先（支援者）があると安心かもしれません。本人に対して入職前から関わっている支援機関やハローワークがあれば，連絡を取ってみることも一つの方法です。入職前から本人の就職への不安や希望を聞きながら支援をしているので，職場では聞き取りにくい何らかの情報を得る手がかりとなるでしょう。本人から直接「業務での不安を感じている」と企業側に意思表示がある場合は，本人とのコミュニケーションが図れていると受け取り，まず本人の話を前向きに聞く機会を持っていただけたらと思います。

　企業側の視点で「業務がうまくいっていない」ことを表す状況としては，次のようなものがあるでしょう。「作業スピードが遅い」「ミスが目立つようになった」「同僚と協力できない」「居眠りをしている」「出勤時間に遅れる」「複数の仕事を頼むと，抜けが必ずある」「指示通りに作業ができない」など。では，本人の視点ではどのような言葉で「業務がうまくいっていない」ことが表されるでしょうか。本人自身で言葉として説明がつくことと，説明が難しいことがあることを双方の視点から整理すると見えてくるかもしれません（表1）。

　業務がうまくいっていないときは，早くに解決を図ることが双方にとって大切であるのは当然のことです。「うまくいっていない」ということが双方で共有できれば，その解決は半分は道が開けているのではないでしょうか。なぜなら，お互いに

表1　業務がうまくいかない例と本人の状況

業務がうまくいって いないことの例	本人の内外で起きている かもしれない状況
・作業スピードがいつもに比べて遅い	・集中力が低下している
・ミスが目立つ	・作業ポイントがわからない ・何か他に気になることがあり，集中できていない
・同僚と協力して作業を行えない	・新しく入った従業員に馴染めない ・自分と他の人の役割分担を理解できていない
・作業時に居眠りをしている	・夜，眠れていない ・作業に慣れ，緊張感が薄れている
・作業時間に遅れる（遅刻・欠勤）	・薬の副作用で体が動きづらい ・夜更かしして朝起きられない
・複数の仕事を頼むと，抜けが必ずある	・指示を理解，記憶することが難しい
・指示通りに作業ができない	・口頭のみでの指示理解が難しい

「この状況から脱出したい！」という気持ちは同じだからです。その「うまくいっていない障壁」は何であり，その原因は何なのかを分析し，状況整理をする際，さまざまなものが想定できると思います。「障害特性上の要因」「本人を取り巻く家庭環境や生活環境の中での要因」「職場での業務上の要因」「職場での人的環境や物的環境の要因」「趣味や余暇その他の本人に関する要因」などが想定できます。その要因に対して適切な対応や新たな工夫を，企業側だけではなく，本人だけでもない，双方の出来事として捉え，必要があれば第三者（支援者）も交えながら状況把握に努め，共によりよい知恵を出し合える関係性の構築が，「特性」「個性」のどちらであったとしても，柔軟に対応できる手がかりとなるのではないでしょうか。（畝木奈津恵）

Q 仕事上のミスなどがあったときに、本人を注意してもよいのでしょうか？

A 注意をすると欠勤してしまうのではないか？ 気分や調子を崩すかも？ 注意されたことに腹を立ててパニックやかんしゃくを起こしてキレられるのではないか？ 注意した結果に対しては、さまざまな心配事が浮かぶかもしれません。「注意する」という行為に対して、目的や意味が明確でなければ注意を受けた本人も戸惑うのではないでしょうか。本人の理解しにくい伝え方で注意をすることは、かえって本人の混乱や不安を増やしかねません。注意しなければならない状況が起きる前に、前もって本人とのやり取りの中で未然に防ぐことが重要だと思います。

所属先の上司、先輩の指示やアドバイスのもとで、本人が業務上の役割や責任を自覚しながら働くことは、障害のあるなしにかかわらず大切なことです。「職場として本人に期待すること」や「本人の作業態度や内容に対して」などをあらかじめ伝えていたにもかかわらず、再度注意喚起が必要になる場合は、その状況や理由を本人との面談などを通じて明らかにしていくことが大切ではないでしょうか。そのなかで、本人と企業との意識のずれや目指すべき方向性が、より明確になっていくのだと思います。

①入職前

入職に先立って、企業の担当者と本人や支援者とで、オリエンテーションの機会を持つことを提案します。この場では労働

条件や服務規定について確認するとともに，その企業が目指す理念や行動規範・行動指針などもできる範囲で説明して本人と確認します。オリエンテーションは，本人がこの企業の従業員の一員なのだという意識を持つためのきっかけとなります。安定した雇用が図れている企業は，この点をとても丁寧にしてくれます。

②日々の業務過程

日々の業務が実際に進んでいく過程では，業務がスムースに遂行されているかどうか，現場の同僚や上司を中心に本人の作業の様子を確認してもらいます。当初期待していた状況と，実際の状況とにずれが生じている際には状況を確認する必要が出てきます。予定通り（期待通り）に進んでいないときは，何か理由があると考えます。「仕事が覚えられない」「スピードが遅い」「製品の不良をたくさん出す」など，作業での本人の障害特性やその学習の傾向に関係するものなのか，「周囲が本人にどう指示やアドバイスをしたらよいかわからない」「接し方がわからない」などの周囲の支援体制に関係するものなのか。必要があれば支援者も立ち会います。本人にもその行動をした理由などを尋ねてみるのもよいかもしれません。

状況が整理されるなかで，本人に注意をすることで改善が図れるのか，作業内容の再確認や指示の仕方の工夫で改善可能なのかなど，とるべき対処が自ずと見えてくるのではないでしょうか。「注意を必要とする出来事」は，何かしらの課題や困り感を伴うと思いますが，「ピンチはチャンス」ともいいます。「注意をしなければならない」と考えるか，「一緒にさらによく

していくための確認ができる機会」だと考えるかで，本人に対する接し方への不安も軽減するのではないでしょうか。（畝木奈津恵）

Q 面接の際に，障害についてどこまで聞いてもよいのでしょうか？

A 採用面接はその企業を受ける本人にとっても，雇い入れを検討する企業にとっても，お互いを知る機会としてはとても大切な出会いの場だと思います。しかし，実際に精神障害者に対して，障害について触れてもよいのだろうか，触れるとしたらどのように尋ねればよいのだろうか，触れてはいけないことはあるだろうか……，との迷いの声を企業の担当者からもよく聞きます。

「スキルや能力」「意欲」「協調性」などの一般的な事柄は比較的抵抗なく尋ねられると思いますが，まずは雇用にあたっての面接では「何を知ることを目的とするのか？」を整理することを提案したいと思います。雇用する上で，本人のどのようなことを事前に把握できていたら，前向きで安心した雇用になるでしょうか。

私たちの事業所では，次のような流れで面接日を迎えています。一例として紹介します。

①事前に確認する1（支援者→企業）
本人と企業との面接機会が得られた際，事前に支援機関として企業の窓口担当者への挨拶と面接で何を聞きたいかを尋ねて

います。このとき，企業の担当者と連絡を取ることに関して，本人の了承を得るようにしています。

本人を前にしたときに，「どこまで聞いていいのだろうか……」「これはまずいかな……」などの遠慮があると，実際に尋ねたいことも十分に聞けず，私たち支援者を含めた応募側としても，伝えることが不十分になり，結果的に双方にとって役立つ情報提供の場にならなかった過去の経験があるからです。

②事前に確認する2（本人→支援者／企業→支援者）

本人にとっては，病気や疾患のことだけではなく自分自身のできることや工夫していることを企業に誤解なく知ってもらうために，希望する企業がどんな人材を求めているか，どんなことを知りたいかなどが事前にわかれば，企業の求める情報を医療機関や支援者とともに整理し，わかりやすく伝えるための準備ができます。企業にとっても，本人には直接聞くことは憚られるが，実際のところはどうだろうかということを，本人をよく知る支援者に事前に尋ねておくことは面接に臨む上での安心になるのではないでしょうか。

③面接に向けた打ち合わせ

支援側は，企業から聞き取った面接での質問事項をもとに，本人と面接に向けた事前の打ち合わせをします。勤務中に困難になりそうな場面や状況について，自分自身で対処できることや周囲の配慮があればより本人が力を発揮できそうなことなど，わかりやすく要点をまとめます。書面にまとめて，会社の中で共有してもらえるような本人のプロフィールを作成して渡すこともあります（図1）。

氏名（　　○○　△△子　　）

就職の目的		・前進したい ・働き出せたら，ひきこもり時期にお世話になった人に報告に行きたい。 ・少しずつ自活できるように生活力を身につけたい。			
希望の労働条件	希望職種	・商品品出し ・軽作業 状況に応じて，相談したい	通勤手段	電車　約15分	
	希望時間・日数	1日4時間×週5日から	希望月収		
	その他の希望	・マニュアルや指示系統がはっきりしていることで，安心して作業に取り組むことができます。 ・視覚的な指示や，やって見せていただくことで，的確に作業の流れを理解することができます。 ・メモを取りながら，聞き漏らしや聞き間違えを未然に防ぐよう気を付けています。			
セールスポイント (仕事上の長所)		・何事にも最後まで復唱するなど集中して取り組むことができる。 ・就労支援の中で，製菓の軽作業を1日3時間×3～4日取り組んできたことが，自信につながっている。 ・月に1～2回，施設外の実店舗での軽作業にも取り組んでおり，緊張感ややりがいを持てる場となった。			
配慮して欲しいこと (仕事上の配慮事項)		・調子によっては，人の多いところでの作業が難しく感じることがあります。自分から調子の乱れを伝えることは可能なので，その都度相談しながら作業内容や作業場所を考えていただけると安心して取り組むことができます。			

職歴	就職期間	社　名	職　種
	ありません		

	機関名	役　割
支援協力機関	○○○センター (就労移行支援サービス) △△△センター (ジョブコーチ支援)	□就職までの支援（ハローワークでの雇用に関する相談同行など） □就職後の支援 職場に適応するまでの支援（ジョブコーチ支援） 定期的な職場訪問での業務や雇用に関しての助言援助を行います
	□□□センター (地域活動支援センター) ◇◇◇センター (働く障害者の交流拠点事業)	休日の余暇や仲間との交流の場として 職業上の悩みや相談の場として
	☆☆☆センター (医療機関)	定期受診機関（主治医・相談員） 特性に合わせた生活や就労への助言やアドバイス

図1　職業プロフィール

面接の際には,「あなたが働きやすく,会社にとってもよい環境を整えたいので,障害のことについて質問してもよろしいですか?」「答えにくい質問,答えたくない質問には答えなくて構いません」と一言伝えてから,障害のことについて質問すると本人も安心して回答することができます。面接は情報を無理なく差し出しながら,照らし合わせ,今後お互いに関係を構築していけるかどうか,協働のもとで勤務や雇用が継続できそうかを考える機会だと考えています。(畝木奈津恵)

Q 障害特性について,直属の上司となる人や配属先の従業員にどのように伝えたらよいでしょうか?

A 最近では人事担当者が様々な研修に赴き,障害者雇用について学んでいますが,"精神障害=できないこと・苦手なことが多い"と固定概念をもつ人も多いように感じます。まずは,精神障害を一括りに考えるのではなく,病名が同じであっても人によって症状の出方や障害特性は様々であるということを理解しておかなければなりません。

そのため,個々の精神障害者本人と障害を理由にできないことや苦手なことを明確にし,どのようなサポートがあれば就労可能なのかを面接時に話し合っておく必要があります。また,その他にも体調不良時の対策や対処方法等を採用窓口となる人事担当者が理解しておくことも大切になってきます。必要に応じて障害者本人に障害特性について誰にどの程度まで伝えて欲しいのかを確認したり,支援機関に職場定着に向けた支援計画書の提出を求めることで,より人事担当者がその人の障害に対

する理解や接し方についての理解が深まり，他の従業員にも伝達しやすくなるのではないでしょうか。支援機関の支援計画書には今後の計画だけでなく，これまでの訓練歴や客観的にみた本人の障害特性，配慮が必要な事項などが記載されていることも多く，支援機関に説明を求めることもできるでしょう。それをもとにどの程度の情報量を他の従業員に伝えるかを本人と相談すると，情報共有もしやすいのではないでしょうか。あくまで障害特性についてはプライベートな要素を多く含んでいるため，取り扱いに注意し，他の従業員に伝達する量は本人の希望が優先されます（どうしても他の従業員にも共有したほうがよい内容については，支援機関から人事担当者へ相談する場合もあります）。

　企業によっては，障害特性について全従業員が知っている場合と，一部の人だけが知っている場合があります。大きな企業になれば全従業員に周知することが難しくなるため，配属部署の従業員にのみ最低限の情報を伝えるところが多いと感じています。

　伝える情報の質は，病名や過去の病歴よりも，①今現在抱えている障害の程度，②業務を行ううえで配慮がなくてもできること，③配慮があればできること，④③に対する具体的な配慮点・手助けの方法，⑤苦手なこと，などについて事前に他の従業員に専門用語を使わずにわかりやすく伝達します。部署の上長に対しては，リスク管理の面からも人事担当者が把握している情報と同じ量の情報を伝えておくと，現場で問題が生じたときもスムーズに対処ができるのではないでしょうか。また，一緒に働く同僚となる人たちには，伝える情報の量が多すぎると

過度な不安を与えてしまうこともあるため，上長との相談のうえ，まずは①障害者雇用であること，②配慮事項，③苦手なことや得意なこと，④どのようなサポートが必要なのかなどの基本情報を伝え，もし業務に支障を来したときにそれが障害特性なのかを適宜考えながら伝えていくというスタンスをとっていくことがよいのではないでしょうか。

　最後に，よく企業側から本人についてのマニュアルを作成してほしいと依頼されることもあるのですが，支援機関が獲得している訓練歴の中の状況と採用になった企業での状況は全く同じということはなく，対処法も異なることがあります。ケースバイケースで支援機関も活用しながら問題解決を図り，企業と本人との関わりの中でマニュアルのようなものを作り上げていくほうが効率的です。障害の有無に関わらず，人には誰しも苦手な部分があり，それを"障害者だから"と捉えるのではなく，その人の"人"としての特性と理解し，人と人として付き合うことで自然と構築されていく情報もあるのです。(松井彩子，佐藤江美)

おわりに

　精神障害を持つ人は，長らく就労あるいは雇用という形で社会に参加する機会が非常に限られていました。21世紀に入り，企業，精神障害を持つ人々，支援者，行政の尽力のもと，このような流れは着実に変化しており，精神障害を持つ人の就労の機会は劇的に増加しています。その背景には，労働市場における国際的な価値観の変化，関連法規の整備，治療の発展，就労支援サービスの充実，地域社会からの要請などがあります。本書は，精神障害者の雇用に携わる企業の担当者や支援者，研究者などが，円滑な精神障害者雇用に向けた様々な法制度やサービス，取り組みを整理し，紹介しました。各章で扱った内容は非常に幅広く多様であることから，精神障害者雇用のポイントを簡素にまとめることは難しいかもしれません。他方，繰り返し言及された点もありましたので，下記にまとめます。

　1つ目は，精神障害を持つ人の症状や特性における個別性です。精神疾患の症状には一定のパターンはあるかもしれませんが，その詳細な症状や再発に関するイベント，得意とすること，苦手とすること，ストレスへの対応は，個人によって非常にばらつきがあります。また，精神障害を持つ人の雇用を考える場合には，本人の個別性に加えて，雇用する企業の個別性もあります。企業によって事業規模や独自の社内規定，職場の雰囲気は大きく異なるでしょう。このように，精神障害を持つ人と企業の双方に個別性がある中では，雇用のあり方や合理的配慮，職務拡大のタイミングなど全てをマニュアル化することは

難しく，企業と精神障害を持つ人が二人三脚で働き方を考える必要があります。

　2つ目は，情報の明確化です。精神障害を持つ人の中には，働いた経験が少ない，あるいはブランクが長いことから，企業の従業員が自然に身につけている職業上の「暗黙の了解」が伝わりづらい人もいます。また，障害特性から，ぼんやりとした情報伝達では正しく意図が伝わりにくいことがあります。精神障害を持つ人に，職務内容だけでなく，契約内容や昇進，昇給などを明確に伝え，相互理解を図ることでトラブルの解消につながります。

　3つ目は，支援者との関係性です。企業は，精神障害を持つ人との面接時あるいは採用前だけでなく雇用後も支援者を活用できます。特に，支援者とチームを組むことで，精神障害を持つ人の情報伝達や課題の整理などがスムーズに図れる可能性があります。ただし，支援者は永遠の存在ではなく，最終的には企業の中で精神障害を持つ従業員をサポートできるような仕組みを設ける必要があります。

　上記3点は，精神障害者雇用以外にも適応できるかもしれません。具体的には，身体障害や妊娠，高齢，国外からの移民など，社会的に不利な状況に置かれている人あるいは個別性の高いニーズを持っている人には，共通して当てはまる円滑な雇用のポイントでもあります。すなわち，精神障害を持つ人が働きやすい職場は，どのような人にでも働きやすい職場ともいえるかもしれません。

　最後に，本書が企業における精神障害雇用の促進の一助になりますと嬉しく思います。また，企業と精神障害を持つ人の双

方にとって素晴らしい出会いが，今後ますます増えることを願います。

　本書の各章およびコラムをご執筆いただきました方々に，深くお礼を申し上げます。

山口創生

索　引

数／A to Z

ADHD　44, 208
Corporate Social Responsibility
　（CSR：企業の社会的責任）　iii,
　3, 84
OB 会　144, 172
PTSD（心的外傷後ストレス障害）
　39

あ

ありがとうのサイクル　11
一般求人　79
うつ症状　180
うつ病　25, 28
オープン　80

か

解離性（転換性）障害　40
学習障害（LD）　44, 208
仮面うつ病　27
強迫観念　33, 36
強迫行為　33, 36
強迫神経症　33, 36
恐怖症性不安障害　33, 34

勤怠管理　195
クローズ　80
高次脳機能障害　50
広汎性発達障害　42, 44, 208
合理的配慮　6, 78, 85, 89, 90, 91,
　92, 93, 94, 95, 101, 104
合理的配慮指針　88, 90, 93
合理的配慮指針事例集　87, 92, 95
合理的配慮の提供義務　70, 85, 86
合理的配慮の不提供の禁止　103
雇用義務　70
雇用義務化　71

さ

作業所　159
差別禁止指針　87
自己決定感　8, 9
自己有能感　8, 9
質問シート　181
自閉症スペクトラム障害　42, 186,
　208
就労移行支援　206
就労移行支援事業所　82, 108, 139,
　154, 180
就労継続支援 A 型事業所　139
就労継続支援 B 型事業所　206

索　引

障害者求人　79, 80, 188
障害者雇用事例リファレンスサービス　95
障害者雇用促進法　iv, 69, 74, 78, 82, 85, 86, 102
障害者雇用調整金　73
障害者雇用納付金　73
障害者雇用率　69, 71, 79, 102
障害者差別解消法　78, 103
障害者差別禁止・合理的配慮に関するQ&A　87
障害者差別禁止法　86
障害者就業・生活支援センター　76, 139, 153
障害者専門窓口　106
障害者専用求人　125
障害者総合支援法　82
障害者総合福祉法　86
障害者に対する差別の禁止　70, 85
ジョブコーチ　75, 97, 99, 153
新型うつ病　28
身体表現性障害　41
ストレスの耐久性　18
精神科デイケア　152
精神障害者の雇用義務化　71
精神障害者保健福祉手帳　58, 71, 72, 182, 188, 209
精神知覚発作　47
全般性不安障害　33, 35
双極性障害　29
ソーシャルインクルージョン　iii

た

ダイバーシティー　3, 4, 5, 6, 101
地域障害者職業センター　75, 76, 152
チーム支援　77, 80
注意欠如・多動性障害（ADHD）　43, 208
疲れやすさ　63
適応障害　40
てんかん　46
統合失調症　17, 19, 20, 28, 54, 168, 174

な

日内変動　27
納付金　iv, 70, 72
ノーマライゼーション　iii

は

ハウスルール　62, 68
発達障害　42, 180, 186
パニック障害　33, 35
ハローワーク　7, 75, 76, 106, 108
不当な差別的取り扱いの禁止　103
法定雇用率　iv, 69, 71, 72, 73, 87, 108

ま

メンター制度　13
模擬面接　160
目標管理制度　13

や

有期契約採用　143
予期不安　35, 170
抑うつ気分　26, 27
抑うつ状態　25, 28

ら

ライフキャリア　83

離職防止　65, 66
リハビリテーション　50
ローカルルール　62

わ

ワークライフバランス　194

編者略歴

山口　創生（やまぐち　そうせい）

2003年，日本福祉大学社会福祉学部卒業。その後，大阪府立大学社会福祉学研究科およびロンドン大学キングス・カレッジ・ロンドンにて修士号，大阪府立大学人間社会学研究科にて博士号を取得。現在，国立研究開発法人国立精神・神経医療研究センター精神保健研究所地域・司法精神医療研究部精神保健サービス評価研究室長。専門は地域精神科医療保健福祉サービスの評価であり，特に精神障害者に対する就労支援を主たる研究テーマとしている。

精神障害者雇用のABC

2018年4月24日　初版第1刷発行

編　者　山口　創生
発行者　石澤　雄司
発行所　㈱ 星和書店
　　　　〒168-0074　東京都杉並区上高井戸1-2-5
　　　　電話　03（3329）0031（営業部）／03（3329）0033（編集部）
　　　　FAX　03（5374）7186（営業部）／03（5374）7185（編集部）
　　　　http://www.seiwa-pb.co.jp
印　刷　萩原印刷株式会社
製　本　鶴亀製本株式会社

ⓒ 2018 山口創生／星和書店　Printed in Japan　ISBN978-4-7911-0980-7

・本書に掲載する著作物の複製権・翻訳権・上映権・譲渡権・公衆送信権（送信可能化権を含む）は㈱星和書店が保有します。
・JCOPY 〈（社）出版者著作権管理機構 委託出版物〉
　本書の無断複製は著作権法上での例外を除き禁じられています。複製される場合は，そのつど事前に（社）出版者著作権管理機構（電話 03-3513-6969，FAX 03-3513-6979，e-mail：info@jcopy.or.jp）の許諾を得てください。

IPS就労支援プログラム導入ガイド
精神障がい者の「働きたい」を支援するために

サラ・スワンソン，デボラ・ベッカー 著
林輝男 訳・編集代表
新家望美，川本悠大，西川真理子，
田原美和子，牛尾慎司 訳協力

A5判　268p　定価：本体2,800円+税

個別就労支援プログラム「IPS」（Individual Placement and Support：個別就労支援とサポート）導入ガイドの日本語版。精神障がい者の就労支援に日々頭を悩ませる支援者に必携の1冊。

マインドフルにいきいき働くための トレーニングマニュアル
職場のためのACT（アクセプタンス＆コミットメント・セラピー）

ポール・E・フラックスマン，
ランク・W・ボンド，
レデリック・リブハイム 著
武藤崇，土屋政雄，三田村仰 監訳

A5判　328p　定価：本体2,500円+税

職場でのストレスチェックが義務化された。本書で紹介するACTに基づくトレーニング・プログラムは、職場で働く人の満足感を高め、仕事の成績を改善し、良好な人間関係を築き、心の健康を増進させる。

発行：星和書店　http://www.seiwa-pb.co.jp

高機能アルコール依存症を理解する
お酒で人生を棒に振る有能な人たち

セイラ・アレン・ベントン 著
水澤都加佐 監訳
伊藤真理，会津亘，水澤寧子 訳

A5判　320p　定価：本体2,800円＋税

病的な飲酒を続けながらも有能な仕事ぶりによって見過ごされてきた「高機能アルコール依存症者」。その実態と回復への道筋を当事者へのインタビューと調査研究に基づき詳説。当事者である著者自身の壮絶な体験も添えられる。

自閉スペクトラム症の理解と支援
子どもから大人までの発達障害の臨床経験から

本田秀夫 著

四六判　248p（DVD付き）
定価：本体1,800円＋税

発達障害を持つ人との二十余年にわたる臨床経験に基づき、すべてのライフステージをまたいだ自閉スペクトラム症の概観を、豊富な事例を盛り込み解説。支援のヒントが満載。本講義を収録したDVD付き。

発行：星和書店　http://www.seiwa-pb.co.jp

精神科臨床サービス 16巻3号

〈特集〉新しい就労支援の取り組み

就労支援を適切に行うための知識と技術——。精神障害者の雇用義務化、法定雇用率の引き上げなどにより、一般企業での精神障害者の雇用が進み、また2010年ごろより株式会社等が就労支援事業に参入してきた。こういった新たな流れを受けて、今号では就労支援の知識と技術をアップデートすべく、行政の法令や施策の解説、さまざまな就労支援プログラムの紹介、疾患別就労支援方法などに加え、実際に就職活動を行った当事者の声を示すなど、多角的な視点で就労支援のポイントを探る。また、就労支援機関の解説や失敗から学ぶ就労支援など、役立つ情報が満載。"働きたい精神障害者"のために就労支援の仕組みと実情、抱えている課題を学ぶ。

精神科臨床サービス 12巻4号

〈特集〉就労支援と医療の統合をめざして：実践家・企業・当事者の知恵から学ぶ

雇用義務化と法定雇用率引き上げへの動きを受けて、精神障害者の就労支援への関心がこれまでになく高まっている。しかし、我が国の支援制度や連携体制はいまだ未成熟で、期待される成果は上がっていない。本特集では、世界的に明確なエビデンスである「就労支援と医療の統合」を軸にしたつなぎ目のない支援体制構築のために、医療・福祉・雇用支援の専門家、そして働く当事者と雇用主とが、最新技術と豊かな経験からノウハウを提供しあう。精神障害者に関わるあらゆる職種に必携！

B5判　季刊　定価：本体2,200円+税

発行：星和書店　http://www.seiwa-pb.co.jp